U0513206

客户审计

以客户为中心的第一步

[美]彼得·法德（Peter Fader） [英]布鲁斯·哈迪（Bruce Hardie）
[英]迈克尔·罗斯（Michael Ross）著
褚荣伟 闵彦冰 译

THE
CUSTOMER-
BASE AUDIT

The First Step on the Journey
to Customer Centricity

格致出版社 上海人民出版社

致　谢

　　作者要对马特·伯吉斯（Matt Burgess）和詹妮弗·戴（Jennifer Day）表示感谢，他们创建了一个干净的数据集，并在该数据集上完成了本书中的所有分析；感谢伊娃·阿斯卡尔萨（Eva Ascarza）为本书的早期版本提供了极其详细和深刻的反馈；感谢惠特尼·布朗斯坦（Whitney Braunstein）和迈克尔·布朗（Michael Braun）将迈克尔·罗斯介绍给布鲁斯和彼得。

目 录

引言：为什么需要客户审计？

在美国航空集团公司（American Airlines Group）2015 年第三季度财报电话会上，美国航空时任总裁斯科特·科比（Scott Kirby）发表了以下评论：

> "一个令人感到惊讶的数据是，我们的乘客中有 87% 在过去一年中只搭乘过一次美国航空。而这些在一年或更短的时间内我们只服务过一次的客户，为公司贡献了超过 50% 的收入。"

这让我们很吃惊。这些数字本身并不出人意料；任何认真研究客户行为的人都能得出这一结果。令我们感到意外的是，如此高级别的管理人员竟然也关心这些数据。

作为高级管理人员，你一定非常熟悉公司的主要财务报表和月度的管理报告；你花费了大量时间与团队讨论预算和支出；你会关注损益表中的营收数字，并且可能还会按产品线或地理位置来查看销售情况；在产品线优化的过程中，你很可能也已经审视了产品的盈利能力。

但是，你花了多少时间去思考这样一个事实：这些收入其实是由"客户"掏钱购买你的产品和服务而产生的。你对于公司（内部）经营性现金流的主要来源了解多少？[1]

请思考以下问题：

- 你的公司有多少客户？实际上，你"真正拥有"多少客户？

---

[1]　关于这些观点的精彩阐述，请参见蒂姆·安布勒（Tim Ambler）的《营销和利润》（*Marketing and the Bottom Line*）第二版的"行政摘要"。蒂姆将营销定义为"找到和利用进入公司的资金"（第 294 页），这是我们所认同的观点。

- 这些客户在为公司创造价值方面有何不同？例如，上一年有多少一次性购买者？上一年有多少客户占据了你一半的收入？

- 上一年购买过你产品的客户中，预计有多少人今年会再次购买？

- 在过去一年中，新客户与老客户各自对销售额的贡献比例是多少？

- 平均来看，有多少比例的新客户会在首次购买后的三个月内、六个月内、一年内进行第二次购买？

- 你最有价值的客户喜爱哪些产品？

如果你对这些问题感到困惑，那你并不孤单。根据我们的经验，大多数高级管理人员都无法回答这些问题，不管他们的公司是 B2B（企业对企业）还是 B2C（企业对消费者），是销售产品还是提供服务，是追求利润的还是非营利的。

为什么会这样呢？它反映了大多数公司的汇报系统和组织架构上的根本缺陷。它揭示了，即使在许多自诩为以客户为中心的公司中，也缺乏一种真正以客户为中心的思维模式。

我们知道，在你公司的不同部门中，或多或少有一些人已经在做类似的分析，并在寻找这些问题的答案。但这些分析很少会被汇总到一个地方，更不用说被传达给高层管理人员了。如果我们对作为公司主要（内部）经营性现金流来源的客户行为基础没有基本的理解，又怎能提出正确的问题并做出明智的决策呢？

引入客户审计

我们认为，对于任何一位高管来说，如果想要了解公司收入和利润的健康状况及增长计划的可行性，一套基础的分析是必不可少的。

我们将其称为"客户审计"（customer-base audit）。

"客户审计"是一种系统性的审查，旨在通过分析从公司交易系统中捕获的数据来研究客户的购买行为。其目的是理解客户在购买行为上的差异以及他们的购买行为如何随着时间演变。

需要指出的是，我们所说的"了解客户"并非通过传统市场调查的视角来实施。我们不关注客户的人口统计特征。我们对这些特征不感兴趣，对他们的态度也不感兴趣。我们感兴趣的是理解他们的实际购买行为。

哪些人会用到此类审计的结果？

- 那些认识到要真正理解营收来源，需要从客户视角进行检视的高级管理团队和董事会。
- 希望让公司真正以客户为中心的首席执行官（CEO）。
- 在并购或投资决策过程中进行尽职调查的团队，他们认识到理解公司客户基础的健康状况的重要性。
- 希望让其团队开始采取更基于数据的方法进行规划和决策的首席营销官（CMO）。

比如，依赖慈善捐赠的非营利组织可能希望对其捐赠者及其通过慈善活动服务过的人群进行相关的分析；这同样适用于爱彼迎（Airbnb）这类双边市场上的企业，它们通常将其客户群体（房东和房客）视为两种不同类型的客户。

这里借用"分析学"（analytics）本身的定义，即"将逻辑和数学应用于数据的学科，借此提供洞察、做出更好的决策"。[①]我们通常会谈

---

① 莉萨·卡特（Lisa Kart）、亚历山大·林登（Alexander Linden）和 W. 罗伊·舒尔特（W. Roy Schulte）（2013 年），《扩展你的分析能力》（*Extend Your Portfolio of Analytics Capabilities*），高德纳公司（Gartner），第 3 页。

论四种类型的分析能力：描述性（descriptive）（"当前发生了什么或已经发生了什么事情？"）、诊断性（diagnostic）（"为什么会发生？"）、预测性（predictive）（"将会发生什么？"）和规范性（prescriptive）（"我们应该做什么？"）。

商界领袖普遍认为，公司一般都是从简单的（描述性）分析逐渐发展到高级的（规范性）分析，随着采用的工具越来越先进，工具衍生的价值也会增长。然而，我们对这种观点持有不同看法。现在，人们普遍被机器学习和人工智能的热潮所吸引，认为"越复杂的技术就越好"。客户审计则底气十足地采用了看似更简单的描述性（并且在一定程度上使用了规范性）的分析方法。我们一次又一次地看到，这些描述性分析对公司运营产生了深远的影响。

需要强调的是，我们并不是在重新包装营销仪表盘（marketing dashboard）的概念。首先，大多数营销仪表盘并没有将客户作为分析的关键主体，这实际上颇具讽刺意味。其次，客户审计并不是一种"营销"活动。虽然它肯定会引起营销职能相关工作人员的兴趣，但我们的主要受众是高级管理人员（比如 CEO 和 CFO，而不仅仅是CMO）。

最后，更根本的是，"仪表盘"意味着持续反馈和立即行动。而客户审计则完全是为了深入理解公司客户的行为，意味着我们要严肃地对待这样一个事实：收入是由客户掏钱购买公司的产品和服务产生的，任何关于公司收入来源的思考都必须从深入理解客户之间的差异及客户行为随时间的演变开始。

为什么大部分公司没有进行可以更系统地回答以上那些问题的分析呢？有几个原因。首先，大多数管理者没有接触过此类分析。如果你在分析公司的收入和利润时，从未接触过将客户视为分析主体的想法，那你又如何能够提出相关的问题呢？

未能进行这类分析的另一个原因是技术障碍,无论这是真相本身还是自己的臆想:"我们没有数据",或者"获取数据太难了"。这在二十年前或许是个不错的借口,但现在这种说法就显得有些牵强了。(如果你在一家数字原生企业工作,那你就更没有借口了!)

如果你已经上了一定年龄,那么在你成长的世界中,即使数据可以获取,进行此类分析的成本也很高,你可能需要聘请顾问来完成。但现在这类分析变得容易多了。我们在二十年前进行的分析需要专家分析师花费数天或数周的时间,还要使用复杂且昂贵的软件,现在则可以由接受过最基本培训的人使用易于操作的软件来完成,而且其中很多软件还是开源的。如果你有一个小型的交易数据库(少于100 万条交易记录),甚至可以使用电子表格软件(如 Microsoft Excel)来进行分析,我们与 MBA 学生就曾一起做这样的练习。

关于本书

这不是一本普通的商业书籍。我们将深入探讨详细的客户数据。我们将探索一套基础分析,希望这些分析能改变你思考公司业绩驱动因素的视角。

如果你读过彼得之前的两本书《顾客中心化》(Customer Centricity)和《顾客中心化行动手册》(The Customer Centricity Playbook),你可能会好奇本书有何不同。本书在很大程度上可以被视为那两本书的前传。与那两本书类似,我们将以客户为中心的公司定义为:

- 将客户视为分析的基础主体;
- 将(客户)获取、保留和发展作为(有机)增长管理框架的核心;

- 基于客户（长期）盈利性的视角做出决策；
- 认识到并非所有客户都是同等重要的，并将其体现在行动中。

但彼得的前两本书很大程度上聚焦于未来。他强调使用预测模型和前瞻性概念，例如客户终身价值。然而，在我们展望未来并开始运用此类模型之前，从当前情况及近期的轨迹中，我们就可以学到很多东西，并借此指导我们的决策、确定我们分析工作的优先级。

对于许多致力于以客户为中心的管理团队来说，深入探索客户审计的结果及其影响是一个自然且极具价值的起点。因为这一过程意味着从空谈转变为帮助他们深入理解这些理念对其商业思维方式的实际影响。

无论你的分析师团队规模和专业水平如何——不管是一个只有一两个会 Excel 和数据库查询的成员的小团队，还是一个拥有统计学和计算机科学博士的大团队，你都可以进行客户审计。根据我们的经验，当公司认真对待审计过程中发现的问题时，那些原本不太相信数据和分析重要性的人也会开始相信并支持这种数据驱动的工作方式。

如果你已经翻阅了本书的后续部分，你会发现里面包含了许多图示和表格。这可能看起来有点吓人。但你无需担心：首先，即使在深入进行数据分析时，我们也会确保一切内容都是清晰、实用的。其次，这种不适是一个很好的警钟。没有任何一位高级管理人员可以在财务知识方面一窍不通。即便是缺乏这方面背景的员工也都会在其晋升过程中逐渐掌握基本的会计和金融知识。

同样，我们现在所处的环境不允许你看不懂数据。你不能被这样的分析吓退。掌握这类分析并使其成为一种习惯是至关重要的。我们的目标是用通俗易懂的方式带你入门，使得你在了解相关要点之后，能够指导团队中的分析师为你和你的公司执行这类分析。

我们为什么写这本书?

彼得和布鲁斯于 1989 年秋天开始合作,当时彼得是沃顿商学院营销学助理教授,而布鲁斯刚开始在那里攻读博士学位。在最初十年的合作中,他们花了大量时间使用消费者面板数据(由 IRI、凯度和尼尔森等市场研究公司收集)来开发基于数据的品牌选择模型和新产品销售预测模型。随着电子商务在 20 世纪 90 年代末兴起,他们转向利用公司客户交易数据库中的数据开发客户购买行为的预测模型。多年来,他们开发了许多关键的客户分析工具,用于计算客户终身价值,这些工具已被世界各地数千名数据科学家和研究人员使用。

大约在彼得和布鲁斯开始处理客户交易数据的时候,迈克尔离开了麦肯锡,并与他人共同创立了英国在线内衣零售商 Figleaves.com。迈克尔曾在剑桥大学学习数学,他对数据颇为熟悉,但一开始他并不清楚应该进行哪些分析才能实现对公司客户行为的洞察。他从第一性原理出发,构建了本书中所介绍的一些基础分析,并在随后的创业和咨询业务中对其进行了完善。布鲁斯和迈克尔现在在伦敦商学院共同教授一门涵盖了这些概念和方法的课程。

对于我们自己而言,本书介绍的分析方法已然成了我们的第二天性。我们从与各公司的合作中意识到,被我们称为"客户审计"的分析可以对组织产生深远的影响。然而,每当我们被问及有关这个话题的进一步的阅读材料时,我们无法给出一个简单的阅读列表。部分相关的话题包含在晦涩难懂的学术文章中。还有一些面向从业者的书籍也涉及这些话题,但它们并没有以应有的深度和严谨性进行深入的探讨。

在实现以客户为中心的过程中，一直缺少一本系统全面的书籍或资源来整理相关内容，这正是一个关键的"缺失环节"（missing link）①。我们决定着手解决这一重要问题，而你现在手中所持有的，正是我们这一努力的成果。

---

① 直译为缺环，是指假设的介于现代人类及其类人猿祖先之间进化过程中已经绝灭的动物。——译者注

第 1 章　定义客户绝非易事

让我们回顾一下引言中提出的第一个问题：

你有多少客户？

如果你难以回答这个问题，那么你并不孤单。大多数 CEO（更不用说 CMO）都无法回答这一点，我们早已对此司空见惯了。

如果你能回答这个问题，那让我们再问你一些问题：

- 你对这个数字有多大信心？一个外部审计师也会得出同样的答案吗？
- 其他职能的同事也会给出相同的数字吗？

除非你在保险、电信这样以"订阅制"为核心收入模型的公司工作，否则你很可能对"有多少客户？"这个问题的答案并没有多大把握。而且你可能会怀疑，公司内不同部门之间是否能对这个问题有一致的看法。怎么会这样呢？

无法回答第一个问题的主要原因是，尽管许多公司声称"以客户为中心"，但它们根本没有认真思考过这个数字。回答其他问题的难点，源于对"客户"一词的模糊定义，以及大多数公司也从未尝试过理清这个概念。正如我们将看到的，即使是"客户"一词在词典上的定义也可能是有问题的。

如何定义客户？　谁是你的客户？

考虑以下情景。并请你尝试回答以下问题："对于下面涉及的这些公司，莎拉属于它们的客户吗？"

距离登上美国联合航空（United Airlines）飞往伦敦的航班还有一个小时的时间，莎拉坐在芝加哥奥黑尔国际机场的一家星巴克门店里，手里拿着大杯拿铁咖啡。她面前是两年前购买的联想 ThinkPad 笔记本（这台笔记本电脑运行着微软的 Windows 操作系统）。她正在笔记本上查看谷歌邮箱。她刚才使用 Visa 信用卡支付给移动无线网络方案提供商 Boingo 一个小时的 Wi-Fi 访问费。

与此同时，她正在用工作手机（6 个月前购买的苹果 iPhone）收听留言。在英国时，她的手机连的是沃达丰（Vodafone）的网络，现在连的是美国运营商 T-Mobile 的。在她桌子底下放着一个破旧的途明（TUMI）行李箱，这是她 11 年前买的。

现在，让一位同事来进行相同的练习。你们得到的答案一样吗？很可能不一样。每次我们与 MBA 学生一起做这个练习时，我们都会得到不一样的答案。往往金融方向 MBA 列出的清单较短，而市场营销方向 MBA 的清单较长。让我们先看看大家有共识的地方：大家都同意莎拉是星巴克和 Boingo 的顾客。

当我们询问莎拉是否是谷歌的客户时，第一个分歧通常会出现。毫无疑问，她是谷歌服务的用户，但这是否使她成为谷歌的客户呢？许多人会认为她不是，因为她没有支付任何费用。当我们询问莎拉是否是联想的客户时，第二个分歧出现了。让我们假设她直接从联想在线商店购买了笔记本。她是在两年前购买的，因此她当时是联想的客户。两年后我们还应该称她为客户吗？如果该商品仍在保修期内怎么办？她还是客户吗？

在你为自己公司的"客户"下定义时，需要回答以下这些问题。这里没有绝对正确或错误的答案。但是，你应该根据自己公司的商业模式和其他实际情况作答。

1. 是否只有付款才能被视为客户？

这是关于莎拉是否是谷歌客户争论的核心。有些人会遵循"客户"在词典中的定义，例如牛津词典给出的定义："从商店或企业购买商品或服务的个人或组织。"[①]而其他人则可能会持更宽泛的观点。这个问题不仅仅是将收入作为主要指标的商业公司会面临的。比如，一个接济穷人、发放食品的慈善组织的"食品银行"（food bank）。这些食品的受施者是否是"客户"？他们是否是慈善机构希望了解的群体呢？虽然慈善机构可能不想使用"客户"一词来描述其服务的对象，但对于我们将在本书中介绍的用来跟踪和理解用户行为的各种类型的分析，它们应该也会有兴趣。

2. 付款人与使用者是不是同一人重要吗？决策者是谁重要吗？

没有人不同意莎拉是美国联合航空的乘客，但她是客户吗？如果被告知这是莎拉自己选择并用自己的钱购买的航班，每个人都会同意她是客户。但如果她的费用由雇主报销呢？如果莎拉选择了航班，但航班是由她的雇主预订（并支付）的呢？如果她仅仅是从雇主那里拿到了机票，对航空公司或航次没有选择权呢？总之，我们应该如何划分莎拉是否为客户的界线？

当我们问莎拉是否是苹果和沃达丰的客户时，也会出现同样的问题。她的手机是由雇主发放的，还是她所在的公司实行 BYOD（bring your own device，自带设备）政策？这会如何影响我们对莎拉作为客户的描述？

---

① 《牛津词典》（Oxford Dictionaries），牛津大学出版社，链接为：https://premium. oxforddictionaries.com/us/definition/american_english/customer。

3. 购买多久后，一个人就不再算是客户了（即使他们依然拥有并使用该产品）？

如果莎拉刚刚购买了她的途明行李箱，那么所有人就会一致认为她是客户。然而，她是 11 年前购买的，这让许多人不愿意用"客户"这个标签来描述莎拉，他们更倾向于认为发生在过去 12 个月或当前财年内的购买行为，才符合这个标签的要求。

4. 是否要考虑任何法律义务？

莎拉两年前购买了一台电脑。如果你仅将"客户"一词应用于过去一年中贡献收入的个人或组织，那么莎拉就不是客户。然而，她的电脑享有三年保修期，因此联想确实对她负有一些合同上的义务。我们该用"客户"这个词来形容这样的个人或组织吗？

5. 如果购买时有中间商参与，这会影响对客户的认定吗？

假设莎拉从零售商那里购买了途明行李箱。人们很容易就会将零售商视为途明的客户，因为途明无法直接触达莎拉。但也许这样的因素不应妨碍关于客户的定义。

在定义你公司的客户时，可能还需要思考其他的问题。关键的一点是，定义"客户"并不像乍看起来那么简单明了。

不同目的下的不同定义

你能为你的公司提出一个清晰、统一的定义吗？也许不能。而且，在仔细思考过这些棘手的问题之后，期望每个公司都能做到这一点也许过于苛刻了。

如果机票是由莎拉的雇主给她订的，她是否应该被视为美国联合航空的客户？ 如果你从事客户服务工作，你可能会想说"是"。如果你是大客户经理，你可能会说她的雇主才是客户。

再比如那些在沃顿商学院和伦敦商学院等机构参加高管教育课程的人。这些参与者是客户，还是他们的雇主是客户？ 答案很可能是，两者都是。"客户"定义是否准确取决于所提出的问题。

假设你是联邦快递（FedEx）的管理者，你公司中的一些员工（例如客服）会关心包裹的最终收件人。尽管"发件人"和"收件人"的"类型"不同，我们是否希望将他们都视为客户呢？ 同样地，如果你是一家酒店的管理者，你可能会对"预订人"和"入住人"的行为都感兴趣，而在许多情况下，"预订人"和"入住人"是不同的对象。

对于面对复杂的客户定义和不同客户"类型"的公司来说，对各种客户进行我们书中将要介绍的分析，可能会很有帮助。理解这一点的公司在使用"客户"一词时会非常谨慎。事实上，它们可能完全避免使用这个术语。让我们回到莎拉使用她的 Visa 信用卡的情形。她是 Visa 的客户吗？ 她使用的卡并非由 Visa 发行，而是由一家银行发行。她与发卡银行有联系，但与 Visa 没有直接联系。她是 Visa 所说的账户持有人。在这里，Visa 有两个不同的"客户"群体：发行卡片的金融机构和接受卡片的商户，Visa 与它们有直接的联系。

总之，对于许多公司来说，客户的构成并没有一个简单明了的定义。重要的是要明确你的术语并在使用这些术语时保持一致。

你有多少客户？

我们经常能看到各类公司发布其有关客户数量的详细信息。但你应该谨慎对待这些数字。让我们看两个例子。

● 伦敦交通局（Transport for London）表示，伦敦地铁
  ［London Underground，俗称"管子（Tube）"］每年载客量
  为 13.5 亿人次。这是否意味着全球约 17% 的人口一年
  内都乘坐过伦敦地铁出行？当然不是。伦敦交通局报告
  的是出行次数；它没有报告乘坐地铁的不同个人的具体
  数量。一名上班族每周乘坐 5 天地铁上下班，其一年有
  46 个工作周，将被算作 460 名乘客。

● 沙德勒之井剧院（Sadler's Wells Theatre）是伦敦主要的
  舞蹈表演场馆，其 2017—2018 年度回顾中指出，"我们在
  伦敦的三个礼堂为超过 529 700 人表演了 649 场演出"。
  这代表了整个财年中占用的座位总数，但并不是在那段
  时间内观看演出的不同个人的具体数量。

如果你要谈论你拥有的客户数量，则应该是不同个人的具体数
量。你能否做到这一点取决于你所拥有的测量系统、对客户的定义，
以及你的渠道结构。

以搭乘地铁的人为例。有些人会使用季票或注册"牡蛎"交通卡
（Oyster Card，简称"牡蛎卡"）。因此，伦敦交通局能了解此类乘客的
身份，并可以跟踪他们的行为。其他乘客可能使用未注册的牡蛎卡、非
接触式借记卡或信用卡来进行支付。虽然伦敦交通局可以追踪此类乘
客的行为，但并不知道他们的身份。还有一些乘客使用纸质票，他们的
身份和随时间变化的行为无法被追踪。大多数零售商面临着类似的混
合客户群体：已知的客户、已知但匿名的客户（例如"代币化"信用卡数
据），以及完全匿名的客户（例如那些总是用现金付款的客户）。

追踪客户行为的能力还取决于"客户"的定义。假设一位舞蹈爱
好者在沙德勒之井剧院的 7 场演出中总共购买了 19 张门票。他总
共带了 8 个不同的朋友来观看这些不同的表演。这里涉及了多少个

客户？绝对不是 19 个。但是我们有 1 个（购票者）还是 9 个客户（购票者和他们的朋友）？答案将取决于我们如何定义"客户"。财务总监可能会倾向于说一个,这意味着"客户"的定义包括一些付款的概念。但那些向艺术资助机构做汇报的人会想说 9 个,这意味着"客户"的定义包括出席的概念,但不一定包括付款的概念。这里的挑战在于如何做到客户的唯一性识别。

因此,即使你可以就什么是客户以及谁是客户达成一致,衡量你拥有的客户数量可能仍是一个挑战。按照现有的定义,"客户"在你的系统中是否可见？每次交易是否可以与特定客户绑定？对于许多公司来说,这两个问题的答案是肯定的,这使得确定其所拥有的客户数量变得非常容易。然而,如前所述,这对于不少公司来说仍是一个不小的问题。在认识到客户层面购买行为数据的价值后,这些公司开始对系统进行大幅升级,以使客户数据在报告中清晰可见。

超市的销售终端搜集了每个购物篮中物品的大量信息,但无法理解不同购物篮随着时间的推移会如何相互影响。超市为什么要投资开发忠诚度计划呢？因为这样它们就能识别与每个购物篮相关的客户,并根据分析客户行为获得的洞察采取行动。

与终端客户没有直接联系的公司可能会面临客户可见性问题。回到莎拉的例子,如何才能让途明看到她的信息呢？历史上,当通过中间商销售耐用产品时,保修登记一直是用于识别终端客户的一种方式。

快速消费品（consumer packaged goods,CPG）公司也曾一度面临着类似问题。然而,自 20 世纪 40 年代以来,各类市场研究公司开始提供消费者面板数据服务,跟踪样本家庭的购买行为。尽管面板数据中的样本只能代表公司的一小部分客户,但仍可以通过分析他们的行为,获得非常有用的洞察。（事实上,那些在工作中使用过消费者面板数据的读者会熟悉我们在本书中探讨的一些分析。）

在过去的十年中，出现了处理匿名信用卡购买记录的服务商，为公司提供部分客户"已知但匿名"的数据。需要强调的是，尽管这并不等同于拥有自己的客户购买行为数据，你仍然可以通过使用这些数据来获得许多有用的洞察。

总　结

无论公司如何界定客户的概念，它们都亟须了解客户行为，并将对客户行为的深入理解作为首要任务。这也是我们撰写本书的初衷。我们不能让定义的变化（或缺失）妨碍我们从根本上理解公司运营和收入的基础要素。因此，我们暂且将客户的正式定义搁置一边，直接深入数据（尽管它不完美），了解为何对数据的检查本质是对公司当前和未来发展前景的一次关键的"健康体检"。

话虽如此，我们并不想完全回避本章的主题。虽然我们的分析可以在没有正式、固定的客户定义的情况下进行，但在任何给定的分析环境中，如果有这样一个定义的存在，分析本身也肯定会显得更扎实。此外，通过全公司范围内对谁是（谁不是）客户的了解，公司便能采取更有力的行动并评估其影响。

让我们用一个故事来结束本章，以激发大家对定义（和计算）公司客户的需求。几年前，我们中的一个人（彼得）正在与一家大型汽车租赁公司合作开展一个项目。该项目的目标是帮助公司从其高级管理团队开始，从客户数据中发现并利用新的洞察。沃顿商学院的研究人员对该公司无法（不是不愿意，只是纯粹没有能力）回答看似最简单的问题感到沮丧。有一次，沃顿商学院的一位同事说："好吧，让我们从头开始——你们有多少个独立的客户？"场下一片安静。高管们面面相觑，谁都无法做出有根据的猜测。

当然,正确的答案应该是这样的:"这取决于你如何定义客户。是预订行程、支付费用、开车的人,还是某些重点乘客?"但高管们鸦雀无声。

沃顿商学院的研究人员很快又提出了一个看似一样的问题:"那么,你有多少辆车?"这时,几位高管突然活跃起来,兴奋地报出一个非常精确的数字——大约 432 400 辆。对于 CEO 来说,这实在有点难以接受。他拍着桌子说:"这不行!我们怎么可能对我们的产品了如指掌,却对我们的客户一无所知?"这一刻对他而言醍醐灌顶,对团队的其他成员来说也是如此。

许多(甚至可能是大多数)公司仍在与这些问题作斗争;我们希望本书提出的框架和实践将有助于它们改变现状,克服这些普遍存在的挑战。

高管答题时刻

- 你的公司如何定义客户?这一定义背后的标准是什么?当你从事新的业务实践(例如,新产品/服务或分销渠道)时,这一定义将如何变化?

- 如果你是上市公司,在公开财报中是如何使用和定义"客户"这一术语的(如果有的话)?

- 在各个业务单元和职能领域中,你们关于"客户"的定义是否一致?在整个组织中,关于客户的定义(和衡量)是否达成了一致?

- 你是否会随意引用反映不同业务结果/目标的客户数据,但没有明确说明究竟什么才算是一个客户?

- 你衡量客户的能力如何推动你对客户的定义(反之亦然)?

第2章 业务数据立方体和五种视角

公司的收入就是在给定时间内所有交易的价值的总和。

我们如何定义一次交易呢？在最简单的层面上，我们可以从三个维度来定义一次交易：谁进行了购买（客户）、什么时候发生的交易（时间），以及买了什么（产品）。基于这三个维度，我们可以将公司的交易数据库概念化为一个业务数据立方体，其三条边分别是客户、时间和产品（见图2.1）。

单个客户在给定交易中购买的每个产品都可以由业务数据立方体中的非零单元格表示。由于每个客户在任何给定交易中只购买少数产品，并且大多数客户并非每个时期都购买，因此这个业务数据立方体中的绝大多数单元格会是零。

绝大多数公司都是围绕着它们所提供的产品或服务构建的。产品在市场上的成败是公司整体健康状况的一个非常具体的指标。因

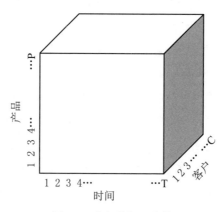

图2.1 业务数据立方体

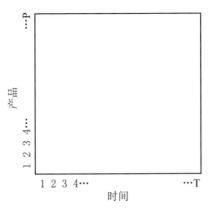

图 2.2　"产品×时间"面

此,大多数公司的汇报系统都是基于业务数据立方体的某一个视角构建的,而在该视角下只有产品×时间的一面可见(见图 2.2)。通过对客户维度的加总,我们得到一个"产品×时间"表,其中,行是产品,列是时间。

该数据表的每一列的加总是该公司对应时期的总收入。每一行则展示了一个产品在不同时间点上的表现。虽然我们不否认从业务数据立方体的某个二维视角生成的公司报告的价值——毕竟它们是大多数公司日常运营的核心——但它们未能提供任何关于公司(内部)经营性现金流的主要来源(其客户)的行为的洞察。如果我们希望获得此类洞察,我们需要从不同的视角来分析这个立方体。

我们提出,从概念上简单转换视角,就可以对公司思考其业务的方式产生深远的影响:旋转业务数据立方体,将焦点转向"客户×时间"的一面(见图 2.3)。

我们现在从产品维度对交易进行加总。这个看似简单的转换为我们思考公司的收入和利润开启了全新的视角。

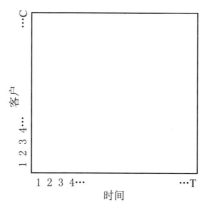

图 2.3　"客户×时间"面

当然，对于许多公司来说，获得单个客户的信息比了解、衡量单个产品要困难，但这并没有降低客户视角的重要性。让我们将"客户×时间"面展开，就能得到图 2.4 中细化的视图。现在，我们假设你可以从公司运营的第一天起跟踪整个客户群体的行为。

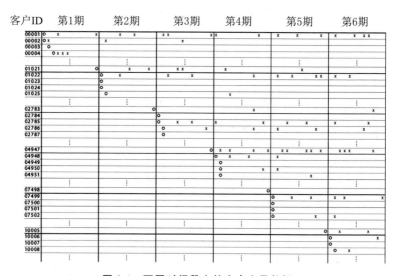

图 2.4　不同时间段上的客户交易数据

客户首次消费用"。"标记，随后用"·"标记。（假设客户第一次从公司购买产品时被视为"客户获取"。有些公司可能对"获取"有不同的定义，我们将在第 9 章中探讨这一点。）每次消费有可能是购买单个产品，也有可能是多个不同的产品。现在，我们将忽略产品维度，只关注交易的总价值（我们将在第 8 章中重新引入产品维度）。

客户按其获取时间排序。每一行都会跟踪该行客户在一段时间内的消费情况。客户 00001—01021 是在第 1 期获取的，客户 01022—02783 是在第 2 期获取的，以此类推。一些客户（例如，00003、02787）仅进行了一次消费，并且无复购，至少在第 6 期结束之前都是这样。一些客户（例如，00002、04948）在从数据记录上消失之前进行了多次复购。有一些客户（例如 00001、04947）则成了常客。

有了客户交易的历史数据，我们可以做些什么分析呢？客户审计的核心分析来自以下五种视角。

五种视角

第一种视角关注"客户×时间"面的一个垂直切片（见图 2.5）。这使我们能够探索在该切片所定义的时间段内（通常是一个季度或一年）与该公司至少进行了一次交易的所有客户的行为。在第 3 章中，我们将会探讨围绕单个时间切片的基本分析，并借此揭示客户购买行为和价值贡献上的差异。

第二种视角考虑"客户×时间"面的两个相邻的垂直切片（见图 2.6）。这种数据视图是由不同的情况触发的，例如希望评估特定事件的影响，如自然灾害或未能满足季度要求或年收入（及相关利润）目标。我们将在第 4 章中探讨的基本分析能使我们识别从一个时期到下一个时期买方行为的变化，而这些变化正是公司业绩同比波动的基础。

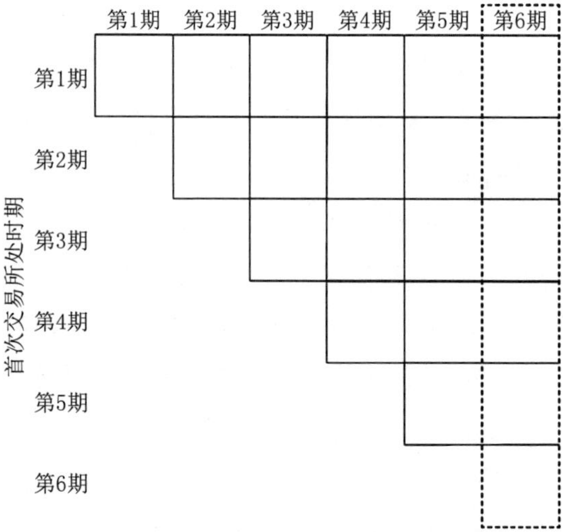

图 2.5　视角一

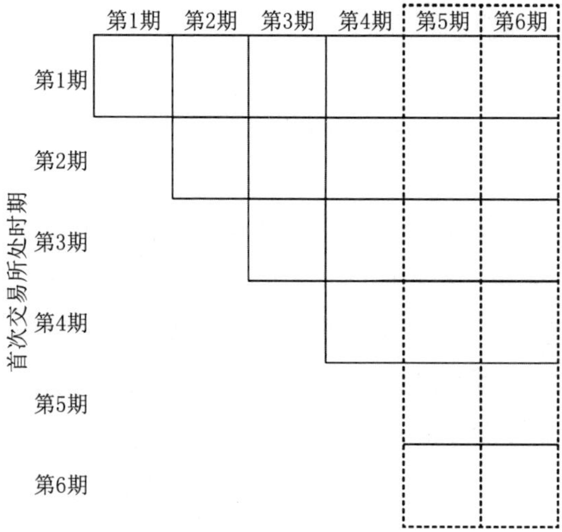

图 2.6　视角二

　　第三种视角聚焦于"客户×时间"面的水平切片(图 2.7)。这里我们可以从客户与公司的第一次交易开始,探索客户队列(customer

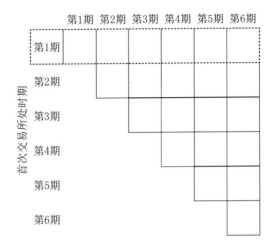

图 2.7 视角三

cohort)的行为是如何随着时间的推移而演变的。("客户队列"被定义为在同一时间段内获得的客户群体,例如,在一月份或某一年的第二季度进行首次购买的客户。)我们将在第 5 章识别购买行为随着时间的推移而变化的规律(通常以衰退的形式)。

第三种视角让我们将客户队列视为一个分析单位。下一步自然就是询问一个客户队列与另一个有何不同,这是第四个视角的焦点(见图 2.8)。在第 6 章中,我们将探讨帮助进行这种比较的基本分析。

不同于视角二中对比客户在不同时期的行为,视角四比较的是在不同时期新获得的客户群体。与视角二类似的是,它的底层逻辑是两个时期之间发生的内部或外部变化。然而,我们评估这些变化的方式并不是看对收入和利润的直接影响,而是看新获得的客户的质量和数量的差异。这就可以做到长期分析,可以很好地补充视角二中的短期分析。

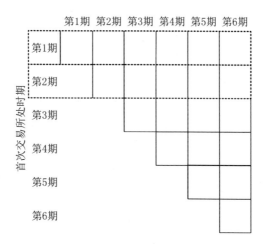

图 2.8　视角四

第五种也是最后一种视角，退后一步，分析整个"客户×时间"面。正如我们会在第 7 章中探讨的那样，我们将整合前四种视角的分析，以获得公司以客户为中心表现的整体视图，并培养对客户群体健康状况（以及未来收入和利润流）的全面认知。

图 2.9 总结了这五种视角的主要区别。视角一是**单期**分析，重点关注该期内活跃的所有客户。视角二是**跨期**分析，重点关注至少在两个时期之一活跃的所有客户。视角三是**单队列**分析，即随着时间的推移跟踪同一时间段"出生"的一组客户的行为。视角四是**跨队列**对比分析，比较和对比"出生"在不同时间点的两组客户的购买行为的演变。视角五是一项**多期**分析，我们重点关注多个客户队列。

	时期	队列
1	视角一	视角三
2	视角二	视角四
3+	视角五	

图 2.9　五大视角分类

马德里加尔：贯穿全书的案例

在我们介绍了与这五个视角相关的基础分析（第 3—7 章）并重新引入产品维度（第 8 章）时，我们将使用来自一家名为"马德里加尔股份有限公司"（Madrigal，Inc.）的数据集。该公司是一家美国零售商，拥有 20 年目录销售的强大传统，最近随着客户积极迁移到在线渠道而加速了数字化。它拥有少量实体店，但其客户忠诚度计划很受欢迎，这意味着马德里加尔的大部分营业额与已知客户有关。为了本次分析，一小部分匿名交易会被忽略。

在此设定中，对于客户的初始定义是曾经从马德里加尔购买过商品的任何个人。该定义将在后续的每个视角中得到进一步的延伸。

我们意识到本书的大多数读者都不会在零售行业工作。那你还应该继续阅读吗？如果你从事核反应堆销售业务，则可能不必。否则，是的，请继续。根据我们的经验，当谈到可以进行哪些类型的分析来了解公司客户的行为时，业务环境之间的差异并不像乍看之下那么大。对于用于描述业务的所有通用框架都是如此，例如 B2B 与 B2C、产品与服务、高参与度与低参与度的产品/服务以及感兴趣的国家/地区。

我们对现有的框架进行了微调，并在许多非零售业务中进行了讨论。我们鼓励你将自己代入到这个在本书中会被持续用到的案例中，然后思考如何根据你的特定业务环境进行调整和分析。在第九章中，我们将扩大范围，考虑其他情景中可能需要的关键变动或附加分析。

我们的数据集覆盖 2016 年至 2019 年。图 2.10 报告了马德里加尔在此期间的年收入和利润。虽然 2017 年与 2016 年相比并没有太大的进步，收入仅增长 7%，利润增长 4%，但 2018 年和 2019 年要好得多。这两年来，收入增长了 21%，利润分别增长了 18% 和 22%。

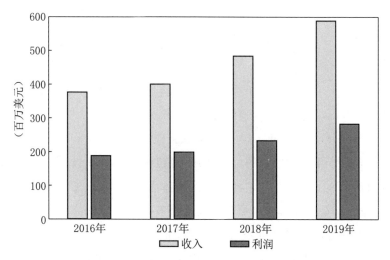

图 2.10　马德里加尔 2016—2019 年业绩表现

　　收入和利润到底是什么意思？这是内部报告，而不是面向外部受众的财务报告。收入只是每个客户在指定时间段内在公司的支出的总和，扣除任何退回的产品。如果有人以 25% 的折扣购买价格为 100 美元的产品，则这笔支出记录为 75 美元。同样，利润是指定时间段内客户层面利润的总和。

　　对于任何渴望以客户为中心的公司来说，衡量客户层面的利润是其圣杯。然而，正如你所知，确定和分配所有成本对于管理会计来说是一场噩梦。

　　我们可以考虑一系列客户利润贡献的衡量标准。最简单的是第一步将客户在公司的花费减去直接产品成本（direct product costs）。下一步是扣除商品成本（cost of goods）和可变成本（variable costs，对于在线零售商来说，可变成本通常包括运输成本、包装和信用卡费用）。最后一步是扣除半可变成本（semi-variable costs），对于在线零售商来说，半可变成本包括拣货、包装、退货等费用。在本案例中，客户层面的利润就是客户在公司的支出减去直接产品成本。

我们将客户利润的衡量和分析视为一个旅程。现在，你可能很难将基础产品成本（basic product costs）与销售数据合并。但不要因此而限制自己，不去执行我们将要讨论的分析。仅使用收入进行客户审计比什么都不做要好得多。随着系统的改进，你可以将分析的重点转向利润。

深入挖掘数据

在我们开始探索与每个视角相关的分析之前，重要的是，我们要对任何客户审计中所使用的数据有一个基本的了解。

我们在本章开始时说，可以通过三个关键维度来定义一次交易：谁进行了购买（客户）、什么时候进行了购买（时间）以及购买了什么（产品）。虽然这是事实，但是，一旦我们开始深入了解客户审计的细节，事情就会变得更加复杂。即使你不必自己处理细节，做到最基本的了解也是有益的。

在你的 IT 运营系统深处的某个地方将有一个数据库，记录着每次交易基础信息的详情。该数据库中的表格类似于表 2.1 中报告的摘录。每一行对应于每份收据或发票的一行。请注意，这里记录的信息非常少。在此示例中，显示了三次连续交易的详细信息，我们为每次交易分配了唯一的 ID、进行交易的客户的 ID 号、与购买的每个 SKU（库存单位）关联的代码、商品的数量、购买的每个单位的数量，以及每个单位的价格。

我们看到客户 1158577 在 10 月 3 日下的一张订单中购买了五种不同的产品。这些产品是什么？他通过什么渠道购买的？付款方式是什么？这个客户是谁？此处没有记录这类信息。

表 2.1　原始交易数据

订单_ID	客户_ID	日期	SKU_ID	数量	价格
1102615	0154253	2019-10-03	25 915	1	5.00
1102615	0154253	2019-10-03	29 747	4	39.90
1102615	0154253	2019-10-03	2 541	4	59.90
1102615	0154253	2019-10-03	45 835	2	149.00
1102616	0034679	2019-10-03	3 800	1	199.00
1102617	1158577	2019-10-03	3 385	1	29.50
1102617	1158577	2019-10-03	3 384	1	10.00
1102617	1158577	2019-10-03	2 640	1	10.00
1102617	1158577	2019-10-03	3 386	1	5.00
1102617	1158577	2019-10-03	2 250	1	19.50

你公司 IT 系统中的其他位置将有一个客户文件，其中包含每个客户的所有基本信息（例如姓名、地址、电子邮件地址、电话号码）。还有一个产品文件，其中包含每个 SKU 的非常详细的完整描述（例如品牌、尺寸、颜色）。还将有一个订单文件，告诉我们有关每个订单的其他信息［例如，渠道、在线浏览器（如果适用）、付款方式］。在某个阶段，有必要将这些文件与原始交易数据文件合并，但这不是你需要担心的事情。

但是，你不应该认为数据的获取是无成本的。你的公司可能在系统上进行了大量投资，才使得这些系统可以有效地合并数据并使查询变得非常容易。如果不是，混合这些不同来源的数据的过程［称为 ETL，extract（提取）、transform（转换）、load（加载）］可能非常耗时。

这些原始交易数据本身对于本书中提出的核心分析的用途有限。我们需要做的第一件事是将其聚合到订单级别。也就是说，我们对与每个订单 ID 关联的所有行进行求和，从而生成一个一行一个订单的表。再看表 2.1，客户 0154253 购买了 4 个不同的 SKU，分别是 1 单位的 SKU 25915、4 单位的 SKU 29747 和 02541 以及 2 单位的 SKU 45835。将数量乘以价格，然后相加，得出的总支出为 702.20 美元。在这个案例中，我们可以通过其他数据表获得利润信息，因此我们可以计算与每个订单相关的利润。这就能生成客户购买行为在基础订单层面的汇总，如表 2.2 所示。

表 2.2　客户购买行为在交易层面的汇总

订单_ID	客户_ID	日期	支出	利润
1102612	2164322	2019-10-02	560.00	195.79
1102613	0035135	2019-10-02	430.00	141.76
1102614	0070471	2019-10-03	1 848.80	641.97
1102615	0154253	2019-10-03	702.20	364.15
1102616	0034679	2019-10-03	199.00	112.73
1102617	0158577	2019-10-03	74.00	45.46
1102618	0279314	2019-10-03	180.00	37.98
1102619	0924751	2019-10-03	448.00	239.05
1102620	0000476	2019-10-03	220.00	64.96
1102621	0031888	2019-10-03	1 651.90	898.72

拥有这种基本结构的数据集，将是所有与视角一至视角五相关的分析的基础。

对于后续的大量分析，我们可以更进一步，按客户 ID 加总给定期间内（例如，季度、年度）的各个交易。这会生成一个表，其中每一行就总结了某个客户在某个时期的消费行为。当每个客户的交易按年度汇总时，就有了表 2.3 的报告。我们看到客户 0154253 在 2019 年总共进行了 3 次购买，总支出为 1 931.11 美元，贡献了 843.23 美元的利润。

表 2.3　客户年度购买行为在客户层面的汇总

客户_ID	年份	交易次数	总支出	总利润
0154253	2019	3	1 931.11	843.23
0154331	2019	2	319.00	195.31
0154985	2019	1	100.00	47.36
0156053	2019	1	50.00	15.42
0157546	2019	7	1 249.00	306.59
0158577	2019	4	494.10	165.23
0158745	2019	2	190.00	22.54
0159744	2019	1	199.00	66.17
0160711	2019	8	3 402.50	1 754.50
0170100	2019	3	277.90	159.39

　　具有这种基本结构的数据集为与视角一和二相关的所有分析提供了基础。如果将个人的交易汇总到季度级别（而不是年度级别），则这样的表格足以满足视角一至视角五的大部分需求分析。即便面对前面提到的成本和复杂性，我们还是有理由期待，所有公司都能够建立起这样的数据集，或者至少，正在把这项工作作为重点项目来投资和发展。

总　结

　　任何类型的审计——无论是针对客户、公司整体财务，还是在非商业领域进行的审计（例如医疗环境中的临床审计）——都始于数据。想要收集/整理数据集，首先要清楚地了解从什么视角查看数据。

　　这就是我们在分析任何数据前，特别强调"业务数据立方体"概念的原因。因为交易数据库可能会很复杂，使用这个立方体的比喻，可以帮我们更有条理和优先级地去理解和分析数据。在进行客户审计时，立方体中最应该重视的一个面是"客户×时间"面。

即使我们将视角限制在这一点上，仍然需要管理一定的复杂性；这就是五种视角发挥作用的地方。对于读者来说，虽然这些视角中的任何一种都不会让你觉得陌生，但理解它们之间的关系，以及每一种视角最终将引出哪些类型的决策，将是我们在接下来几章中的重点。

让我们开始客户审计吧！

执行层面的问题

- 业务数据立方体是否反映了公司讨论和分析数据时的各种类型（例如，产品×时间、客户×时间）？
- 怎样才能将大部分讨论从对"产品×时间"的关注转向"客户×时间"？
- 你如何将对数据结构的基本理解与决策制定和评估的方式联系起来？
- 你能否生成如马德里加尔所示的交易表？如果没有，你需要克服的主要障碍是什么？
- 你的公司如何看待执行此类任务所需的 IT 支出——它被视为成本还是投资？
- 你如何为每次交易和每个客户分配固定成本和可变成本？是否有正式的书面指导原则？你的公司是否在处理这些问题时保持一致？

第 3 章　你的客户有何不同？

你肯定知道公司去年的收入和利润。但是你对这些数字背后的客户群体的行为了解多少呢？例如：

- 去年有多少客户（无论是消费者还是企业）从你这里至少购买过一次商品？
- 这些客户中只购买过一次产品的百分比是多少？
- 你对某一小群客户的依赖程度如何？例如，有多少客户占收入的一半？又有多少客户占你利润的一半？
- 你的客户中有多大的比例是让你亏钱的？

这些问题及其他更多问题都可以通过本章介绍的视角一来回答。与此相关的分析都是加总了单个时间段（例如一年）内客户购买行为的某些方面。

案例背景

马德里加尔 2019 年的收入为 5.83 亿美元，相关利润为 2.8 亿美元。"客户"的定义是 2019 年从该公司购买产品的任何人，马德里加尔那一年拥有约 320 万个客户（确切地说是 3 185 335 个）。2019 年每个客户的平均支出为 183 美元。但不同客户在 2019 年的总支出差异大吗？

2019 年个人客户的总支出的范围为 0.01 美元至 40 149 美元不等。为了可视化客户支出的分布情况，我们创建了间隔为 25 美元的"支出区间"，其中最后一个区间的金额超过 1 000 美元，并计算了

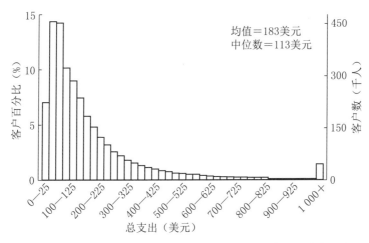

图 3.1　2019 年至少进行过一次消费的所有个人客户的总支出分布

2019 年总支出落入每个区间的客户人数。图 3.1 给出了频率分布图;左侧纵轴显示了相对频率(即,落入每个区间的客户百分比),而右侧纵轴显示了与每个区间关联的客户数。

　　从最左侧的柱状图的高度来看,我们发现 7% 的客户(221 000人)在 2019 年在该公司支出了 0 至 25 美元。在第二个柱状图中,我们看到 14%(456 000 人)客户的支出在 25 美元至 50 美元之间。以此类推。看到最右侧的柱状图,我们发现超过 1% 的客户(45 000 人)在 2019 年在该公司支出了超过 1 000 美元。

　　总支出的这种分布被统计学家称为右偏分布:虽然大多数观察值(在本例中为客户)位于图的左侧,但右尾部非常拉长(在本例中延伸至 40 149 美元)。我们注意到,正如右偏分布的典型情况一样,均值大于中位数。马德里加尔 2019 年一半客户的总支出低于 113 美元(中位数的定义);超过 69% 的客户的总支出低于所有客户总支出的平均值 183 美元。

　　一个直接的结论是,任何有关"平均客户"的讨论都会产生误导,这样的说法应该从你的词汇表中删除。很明显,不同客户在其价值上有很大差异。

由于我们知道每个客户进行的交易次数,因此可以通过对每个客户的总支出做以下乘法分解来进一步了解客户的差异:

$$总支出 = 交易次数 \times \frac{总支出}{交易次数}$$

$$= 交易次数 \times 每次交易的平均支出$$

然后,我们研究这两个数在不同客户之间的差异。让我们首先考虑交易次数的变化。马德里加尔的 320 万个客户当年总共进行了近 610 万次交易。因此,每个客户的平均交易次数为 1.9。根据定义,所有客户当年都必须至少购买过一次商品,其中有一个客户总共进行了 201 次交易。

为了可视化不同客户交易次数的分布,我们计算了 2019 年有多少人只进行了一次交易,有多少人进行了两次交易,以此类推,最多为 10 次或更多。由此产生的频率分布如图 3.2 所示。

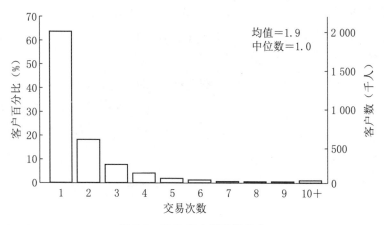

图 3.2 2019 年交易次数分布

从最左侧的第一个柱子的高度来看,我们发现 63% 的客户在 2019 年仅在马德里加尔进行了一次交易。看第二个柱子的高度,我们发现 18% 的客户仅进行了两次交易。换句话说,81% 的客户一年中只进行了一两次交易。观察该图的右侧,我们发现略高于 1% 的客户在该公司进行了 10 次或更多次交易。

与总支出的分布一样,这种分布是高度右偏的。这再次意味着平均交易次数并不是对客户行为最有意义的总结。

这是否意味着客户总支出的偏态分布属性纯粹是交易次数分布的偏态分布导致的? 为了回答这个问题,我们接下来考虑所有 320 万客户每次交易的平均支出的分布。

我们首先计算每个客户每次交易的平均支出(范围从 0.01 美元到 14 500 美元),然后分别计算落入每个宽度为 25 美元的区间(最大到"大于 500 美元"的区间)的人数。该频率分布如图 3.3 所示。

该分布再次右偏。一半客户的每次交易平均支出低于 77 美元。超过 62% 的客户每次交易的平均支出低于 2019 年所有客户的平均支出 98 美元。所以,答案是否定的:客户总支出分布的偏斜不仅仅

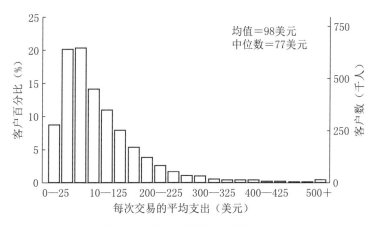

图 3.3　每次交易平均支出的分布

由交易次数分布的偏斜所导致。它还反映了每个客户平均支出偏态分布的属性。每一种行为本身都反映了客户之间有趣且重要的分布，任何组织都应该仔细跟踪，并加以理解。

这里有一个重要的统计数据值得注意：如果你对数字有超强的记忆力，你会记得每个客户的平均总支出为 183 美元，平均交易 1.9 次。这是否意味着每次交易的平均支出应为 183/1.9＝96 美元？ 为什么我们看到的平均值是 98 美元？

为了帮助理解这一点，请考虑以下示例。一家公司在某一年有两个客户。客户 A 进行了一次交易，支出了 50 美元。客户 B 进行了两次交易，第一次交易支出了 35 美元，第二次交易支出了 45 美元。该公司的总收入为 130 美元，这意味着每个客户的平均支出为 65 美元（130 美元/2）。交易总次数为 3（1＋2），这意味着每个客户的平均交易次数为 1.5（3/2）。客户 A 每次交易的平均支出为 50 美元，客户 B 为 40 美元，因此每次交易的平均支出为 45 美元，这相当于上面报告的 98 美元。相当于上面 96 美元的数字是：65 美元/1.5＝43 美元。如果我们根据每个客户的交易份额对每次交易的平均支出进行加权，则得出 1/3×50 美元＋2/3×40 美元＝43 美元。如果将总收入除以交易总次数，我们也会得到相同的答案：130 美元/3＝43 美元。

换句话说，98 美元是每次交易的**未加权**平均支出，其中每个客户都被赋予相同的权重，而 96 美元是**加权**平均支出，这取决于每个客户进行的交易次数。平均值的平均值可能会令人困惑。当你看到这些数字时，准确理解所报告的内容非常重要。

考虑到客户之间的交易次数和每次交易的平均支出都存在差异，我们很自然会问这两个数量是否相关。有些人认为它们是正相关的：经常购买的人真的很喜欢这家公司，并且每次交易都花很多钱。其他人则认为这两个数量应该呈负相关：客户有固定的预算，有些人选择一次花掉所有费用,而另一些人则将其分散到多次交易中,导致每次交易的平均支出较小。

让我们把焦点放在数据上,而不是纯粹在基础概念上讨论这个问题。对于该数据集,交易次数与每次交易的平均支出之间的相关系数为−0.03。考虑到观察的样本量,这在统计上是显著的,但实际上,我们可以将这两个数量视为相互独立的。

继续深入挖掘一下,表 3.1 分别报告了每次交易的中位数和平均支出。虽然随着客户交易数量的增加,每次交易的中位数和平均支出都会出现一些变化,但这两个数量之间并没有很强的关系,至少对于马德里加尔来说是这样。

表 3.1　按交易次数划分的每次交易的中位数和平均支出(美元)

	交易次数									
	1	2	3	4	5	6	7	8	9	10＋
中位数	72	81	82	82	81	80	79	78	77	76
均值	99	99	98	95	94	91	90	89	88	86

现在将我们的注意力转向盈利能力,回想一下,马德里加尔 2019 年的 320 万客户创造了 2.8 亿美元的利润,每个客户的平均利润为 88 美元。然而,2019 年,单客户的盈利能力从亏损 2 470 美元到盈利 22 139 美元不等。

为了可视化单客户盈利能力的差异,我们按以下方式对数据进行分类。对于利润在 0 到 500 美元之间的客户(占 2019 年客户群体的 98％),我们计算每个宽度为 25 美元的区间分别有多少人。我们还为造成公司亏损的客户(仅占 2019 年所有客户的 1％)单独设立了一个分类,并为 2019 年其利润超过 500 美元的客户设立了一个分类。该频率分布如图 3.4 所示。

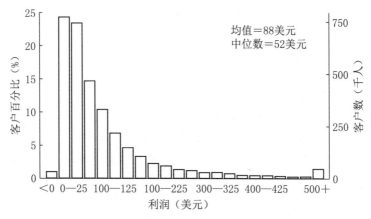

图 3.4　2019 年单客户盈利能力的分布

我们再次看到右偏分布。事实证明，马德里加尔 2019 年 69％的客户利润低于 88 美元的总体平均水平。

看单客户盈利能力的另一种方法是计算他们的利润率，我们将其定义为利润除以总支出。对于盈利的客户，我们计算分别有多少客户落入每个宽度为 5％的利润率的区间，以及一个因为造成公司亏损而产生负利润率的区间，并在图 3.5 中进行绘制。

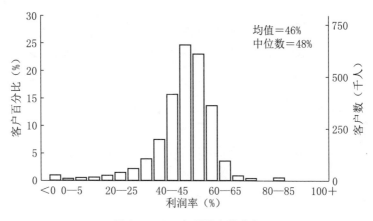

图 3.5　2019 年利润率的分布

相较于前述其他分布,利润率的分布在两端的偏离程度较低。平均值和中位数非常相似。将四个最高的柱子相加,我们发现 77% 的客户的利润率在 40%—60% 之间。

这些客户与低利润率的客户有什么区别呢? 回想一下,对于马德里加尔来说,我们将客户层面的利润定义为支出减去直接产品成本。因此,利润率较低的客户很可能会以正常价格购买大量低利润率产品,或者在促销活动推出时"挑三拣四"地购买(大幅)折扣的产品。

我们在前一章中指出,我们可以考虑一系列客户盈利能力的衡量标准。根据我们衡量和分配成本的方式,我们可以进一步扣除可变成本,例如运输、包装和信用卡费用;然后扣除半可变成本,例如拣货、包装和退货处理费用。随着我们完善客户盈利能力的衡量标准,我们可以想见,利润率的分布将呈现左偏态。

你能普及这种规律吗?

我们已经在数百家不同的公司中看到过这种规律。总支出、交易次数、每次交易的平均支出和利润的分布几乎总是高度偏态的,正如此处观察到的那样。客户中的大多数人很少在公司进行消费——几乎在所有情况下,众数都是一次——因此,他们在公司的总体支出很小。然而,也有一些客户在该公司进行了多次消费并支出了大量资金。

分布的偏态取决于具体行业。例如,在 B2C 环境中,"成瘾性"产品(例如酒精和烟草)的消费可能呈现高度偏态,少数顾客购买并消费大量产品。同样,在线产品(例如游戏)的消费往往也会呈现高度偏态,非常重度的用户只有少数。

在 B2B 环境中,我们也可以看到高度偏态的分布,客户层面需求的差异能直接反映客户规模的不同。例如，如果你销售办公用品，你预计拥有 20 000 名员工的客户所采购的商品数量将超过小型夫妻店的。因此，在某些 B2B 环境中，首先按员工数量或总收入（例如中小型、成长型和大型企业）对客户基础进行细分，然后对每个细分进行单独分析，这样做是有意义的。

有时分布不会那么平滑，但通常会有一个合乎逻辑的解释。例如，在分析伦敦一家主要剧院的客户支出分布时，我们发现，虽然单客户支出的总体形状呈右偏态，但它参差不齐。有两个明显的因素在起作用。首先，座位的价格可能会根据你选的位置而有很大差异。平均而言，最贵的座位比最便宜的座位贵 15 倍以上。其次，如果我们看一下每场演出的门票数量，购买两张票的可能性比只购买一张票的可能性更大。同样，购买四张票比三张票的情况更为常见。因此，即使是在那些一年中只购买一场演出门票的客户中，他们的支出分布也是高高低低的。另一个这样的例子是向美国中西部地区一家主要公共广播电台的捐款。"支出"分布主要由与不同赠品（例如雨伞、手提袋）相关的具体捐赠金额来定义，并且这些目标金额每年都会有所不同。

重要的少数和有用的多数

对于任何第一次进行客户审计的人来说，我们刚刚绘制的分布图构成了基本的起点。太多的高管并不理解他们公司客户基础中购买行为和价值的差异程度。更重要的是，他们没有意识到这些分布偏离程度有多大。回想一下，超过 69％ 的客户的支出低于"平均客户"，利润也低于"平均客户"。很明显，谈论"平均客户"是非常具有误导性的。这样的人并不代表你的"典型"客户（如果真的存在所谓的"典型"客户的话）。

事实上,大多数客户的支出和利润都低于平均水平,这意味着少数客户占公司收入和利润的很大一部分。并非所有客户对公司的价值都是一样的;很多价值都集中在其中的一小部分。

传达这一点的一种有效的方法就是对十分位数进行分析。顾名思义,我们将客户基础分为 10 个大小相等的组,然后总结这些组中客户的行为。我们将考虑两个版本的分析。

根据 2019 年的盈利能力对 2019 年的客户进行排序,从最高到最低。首个十分位是利润前 10% 的客户,第二个十分位是利润第二高的 10% 的客户,一直到第十个十分位,即利润最低的 10% 的客户。我们在表 3.2 中报告了每个十分位上的客户的数量、这些客户进行的交易次数,以及相关的收入和利润。然后,将这些十分位上的相关数量表示为公司总数的百分比。

表 3.2 2019 年客户行为统计(按客户人数划分十分位)

十分位	客户 (千人)	交易 次数 (千次)	收入 (百万 美元)	利润 (百万 美元)	客户 占比 (%)	交易次 数占比 (%)	收入 占比 (%)	利润 占比 (%)
1	319	1 653	226	112	10	27	39	40
2	319	851	100	49	10	14	17	18
3	319	642	69	34	10	11	12	12
4	319	534	52	25	10	9	9	9
5	319	488	41	19	10	8	7	7
6	319	441	31	14	10	7	5	5
7	319	402	24	11	10	7	4	4
8	319	374	18	8	10	6	3	3
9	319	358	13	5	10	6	2	2
10	319	350	9	2	10	6	2	1
	3 185	6 093	583	280				

看第一行,我们发现前 10％ 的客户(首个十分位)占马德里加尔 2019 年利润的 40％。该公司近 60％(准确地说是 58％)的利润来自前 20％ 的客户(第一和第二个十分位)。此外,底部 10％ 的客户(第十个十分位)仅占马德里加尔利润的 1％。

为了深入了解十分位数之间的差异,我们发现,对每个十分位上的利润采用以下乘法分解很有用。

第一步,我们按以下方式分解每个十分位上的利润:

$$利润 = 客户人数 \times \frac{利润}{客户人数}$$

$$= 客户人数 \times 平均利润$$

接下来,为了了解每个客户平均利润差异背后的原因,我们使用以下乘法分解:

$$平均利润 = \frac{利润}{客户人数}$$

$$= \frac{收入}{客户人数} \times \frac{利润}{收入}$$

$$= 平均支出 \times 利润率$$

最后,为了了解每个客户平均支出差异背后的原因,我们按以下方式对其进行分解:

$$平均支出 = \frac{收入}{客户人数}$$

$$= \frac{交易次数}{客户人数} \times \frac{收入}{交易次数}$$

$$= 平均订单数(average\ order\ frequency,AOF)$$

$$\times 平均订单金额(average\ order\ value,AOV)$$

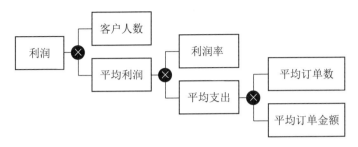

图 3.6 利润的乘法分解

图 3.6 汇总了这三种分解。

将其应用于表 3.2 中的数据,得到了表 3.3 中对每个十分位上的数值的分解。(请注意,AOF×AOV×利润率＝平均利润。)

表 3.3 客户十分位上的利润分解

十分位	客户占比（%）	利润占比（%）	平均支出（美元）	平均利润（美元）	AOF	AOV（美元）	利润率（%）
1	10	40	710	353	5.2	137	50
2	10	18	312	154	2.7	117	49
3	10	12	216	106	2.0	107	49
4	10	9	164	79	1.7	98	48
5	10	7	128	60	1.5	83	47
6	10	5	99	45	1.4	71	46
7	10	4	76	34	1.3	60	45
8	10	3	57	25	1.2	49	43
9	10	2	41	17	1.1	37	40
10	10	1	29	6	1.1	27	21
			183	88	1.9	96	48

我们观察到的一般规律是，较高价值的十分位数之所以更有利可图，是因为总体支出较高，而不是利润率较高。他们的消费模式背后隐藏着什么呢？他们与公司有更多次交易（AOF），并且他们在每次交易上支出更多（AOV）。例如，比较前两个十分位，虽然利润率差异很小，但平均盈利能力差异的主要驱动因素是他们与公司有更多的交易；第一个十分位上的 AOF 比第二个十分位上的 AOF 高 93%［(5.2−2.7)/2.7＝0.93］。每次交易的支出之间的差异要小得多；第一个十分位上的 AOV 比第二个十分位上的 AOV 的高 17%［(137−117)/117＝0.17］。

在价值较低的十分位数上，造成差异的关键驱动因素是 AOV，以及较低的利润率，这可能是由大量偶尔消费的"精挑细选的"客户造成的。

我们能否更深入地了解 AOF 和 AOV 变化背后的原因呢？我们暂时把这个重要的问题放在一边，但我们将在第 8 章中探讨它，届时我们将"重新引入"基础业务数据立方体的产品维度。

回想一下，我们对客户层面利润分配的讨论（见图 3.4），马德里加尔仅有不到 1% 的客户造成了亏损。这些客户包含在第十个十分位数中。有些人喜欢把造成亏损的客户拉出来，对他们进行单独的分析。与这些客户相关的损失的乘法分解为 AOF＝1.4，AOV＝44 美元，利润率＝−19%。

实施十分位数分析的另一种方法是：以占公司总利润的 10% 为一组划分十分位，而不是每个十分位包含 10% 的客户。（你选择哪种方式创建十分位很大程度上是一个喜好问题，可能会受到你想要讲述的"故事"的影响。）我们在表 3.4 中报告了这个统计数据。

表 3.4　利润十分位数统计

十分位	客户占比（％）	利润占比（％）	平均支出（美元）	平均利润（美元）	AOF	AOV（美元）	利润率（％）
1	1	10	1 700	843	10.9	156	50
2	2	10	869	433	6.3	138	50
3	3	10	602	300	4.6	132	50
4	4	10	450	223	3.6	125	50
5	5	10	347	171	2.9	119	49
6	7	10	269	132	2.4	113	49
7	9	10	209	102	2.0	106	49
8	11	10	160	77	1.7	96	48
9	17	10	112	52	1.5	77	47
10	41	10	52	21	1.2	45	41
			183	88	1.9	96	48

让我们惊讶的是,马德里加尔前 1％ 的客户(第一个十分位)贡献的利润与后 41％ 的客户(第十个十分位)的相同。这并不意味着后一组客户应该被"淘汰";毕竟,他们仍然为马德里加尔贡献了 10％ 的利润。除了这两个十分位数之外,我们注意到该公司 2019 年利润的一半来自 15％ 的客户(第一至第五个十分位数)。这些观察结果应该引发对这些客户群体特征的进一步调查,并讨论如何管理他们。

总　　结

本章介绍的第一个分析视角不仅是客户审计的良好开端,而且揭示了重要的观点,这些观点的重要性不亚于后续更深入、更复杂的分析中出现的观点。具体来说,视角一的观点鼓励我们"拥抱异质性",换句话说,看到并承认少数但强大的客户的存在,相比绝大多数客户,他们购买更频繁,平均订单价值更高,利润率(略)高。忽视客户之间这些差异的公司将面临巨大风险。或者,那些能够认识到这些差异并采取行动的人正在为有效和可持续的增长战略播下种子。

我们已经多次提到过这一点,但我们说得还不够:没有所谓的平均顾客。不过,这并不意味着客户基础是混乱且不可预测的;恰恰相反,上面的关键数据反映了给定时期内客户间差异的一致性。这些差异来源可以被有效地预测和利用,而不是天真地对每个客户一视同仁,或者过度复杂化客户关系管理而实施难以执行的"一对一营销"策略。

视角一及后续视角可以被提炼为分析客户行为的"三个 D":分布(distribution)、分解(decomposition)和十分位数(decile)。

- 我们习惯于看平均值,但它们可能会产生误导。重要的是,我们要了解客户行为变化的真实本质,而这需要观察数据分布来实现。
- 我们习惯于看总数,但我们能通过将这些总数分解为其组成部分(无论是加法还是乘法分解)来获得更深度的观点。
- 我们习惯于就整个客户基础的行为做出陈述,也就是说,先验地假设每个人的行为"驱动因素"都是相同的。但十分位数分析(无论是基于相同大小的客户人数还是相同高低的客户盈利能力)表明这根本不是事实。理解处于第一个十分位的客户与排名靠后的客户有何不同,以及为何不同,至关重要。

我们从马德里加尔看到的规律也存在于大多数其他的公司。当你开始自己的客户审计时,你应该也能看到这一规律。当然,这并不是绝对的,但是通过将这些规律作为参考点,你将能够更好地识别并有望解释这些时不时或系统性出现的差异。

执行层面的问题

- 你能轻松访问此处提及的各种图表吗? 它们必须由专业分析师特地创建,还是可以被管理团队轻松地"按需"访问?

- 你的视角—分析与此处展示的相比有何差异? 你是否看到其中大多数指标都具有相同的基本规律(例如右偏分布)?

- 会出现哪些具体偏差? 你能解释一下吗? 你认为这些差异是你客户基础的长期特征,还是一时的变化?

- 你的公司能否轻松对利润进行前述乘法分解? 如果不行,你的报告系统的瓶颈在哪里?

- 当你开始单独看最佳的(第一个十分位)客户时,你是否知道他们与其他客户有何不同(除了他们更高的购买量和更大的盈利能力)?

- 排名在最后一个十分位的客户又如何呢? 你是否了解他们的特点及提高其盈利能力的方法(例如,通过减少他们精挑细选的行为)?

第 4 章　你的客户现状如何?

你刚刚收到公司去年的业绩报告,正要将公司的业绩与前一年的进行比较。无论公司是否完成了业绩目标,你将如何进行这类比较?

如果我们将客户视为分析的基本单位,那么我们需要提出哪些问题来了解整体绩效变化背后的原因?它在多大程度上只是简单地反映了客户数量的变化(在本例中,客户定义为在给定年份从该公司进行消费的任何人)?如果关注客户层面的行为,每个客户的交易次数是否有很大变化?客户每次交易的平均支出是否发生了变化?他们带来的利润呢?这些问题和其他问题可以通过一组从视角二进行的分析来回答,这些分析总结了客户行为从一个时期到下一个时期的变化。

初步分析

马德里加尔 2019 年的收入为 5.83 亿美元,利润为 2.8 亿美元。这些数字比马德里加尔 2018 年 4.83 亿美元的收入和 2.3 亿美元的利润分别增长了 21% 和 22%。这些增长背后隐藏着哪些客户行为的变化?

一个自然的起点是对 2018 年从视角一进行分析,看看每年的行为模式是如何变化的。从前一章我们知道,马德里加尔在 2019 年差不多有 320 万客户。2018 年,它的客户略多于 260 万。在图 4.1 中,我们报告了前一章介绍的四种基本分布。虽然每个区间内的客户数量因为 2019 年比 2018 年有更多客户而增加,但如果我们观察落入每个区间的客户百分比,那么每个客户的支出分布、交易次数、每次交易的平均支出和每个客户的利润分布,不管怎么比较,实际上是基本相同的。

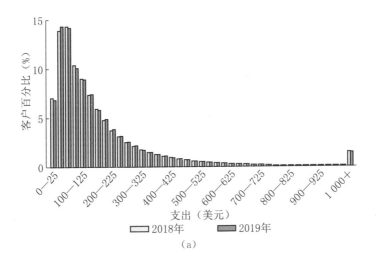

(a)

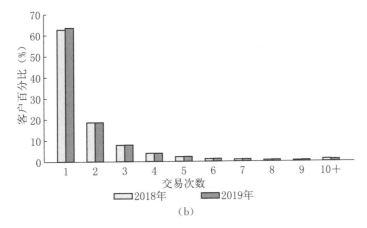

(b)

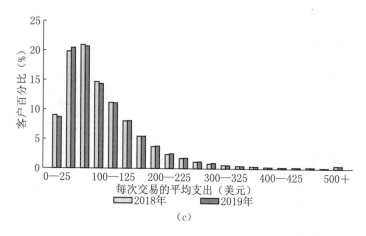

（c）

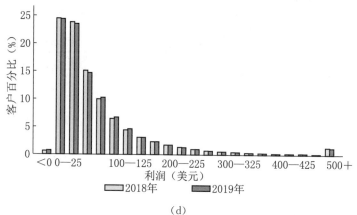

（d）

图 4.1　2018 年和 2019 年客户数据的基础分布

深入挖掘一下这些数据，就会发现一些非常小的变化。2019 年每个客户的平均总支出（183.16 美元）比 2018 年（184.16 美元）下降 0.7％。每个客户的平均交易次数下降了 1.8％，从 1.95 次下降到 1.91 次。每个客户每次交易的平均支出从 97.58 美元增加到 98.21 美元，增长了 0.6％。每个客户的平均利润仅增加了 5 美分，从 87.84 美元增加到 87.89 美元。那么，这是否意味着马德里加尔从 2018 年到 2019 年被观察到的增长仅归因于客户数量的变化(从 260 万到 320 万)?

　　分析相邻时期的客户数量时,首先要问的问题是"有多少人在这两年都是客户?"和"有多少客户只在其中一年购买过商品?"这些问题的答案如图 4.2 所示。每个圆圈的面积与每年的客户数量成正比,两个圆圈重叠的面积与在这两年都活跃的客户的数量成正比。我们发现,2018 年有 1 638 000 个客户至少进行过一次购买,但在2019 年没有进行过一次购买;982 000 个客户在这两年中的每年都至少进行了一次购买;2 203 000 个客户仅在 2019 年进行了购买。这两年有 4 823 000 个独立客户。

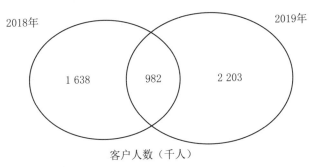

图 4.2　**2018 年与 2019 年客户基础**

　　首先值得注意的是,在这两年期间进行过购买的 480 万个客户中,只有 20%(982/4 823)在这两年中的每一年都至少进行了一次购买。同样,2018 年的客户中只有 37%(982/2 620)在 2019 年至少进行过一次购买。人们可能会认为那些在 2018 年而非 2019 年购买过的客户"流失了"。但现在下这个结论还为时过早。他们可能是一次性买家,我们再也见不到他们了。或者,他们可能只是轻度买家,比如,如果他平均每年购买一次,那么有些年份他可能就不会进行任何消费。实际上,两者兼而有之。

同样，人们很容易将 2019 年的客户视为"新客户"。其中一些确实是新获取的客户，其他人则是前几年获取的，但他们根本没有在 2018 年进行消费。（我们将在第 5 章进一步探讨这一点。）

任何从事零售业或关注零售股票表现的人都会熟悉"同店销售"（same-store sales）的概念，也称为"同类销售"（like-for-alike sales）。由于认识到新店的开设虽然可以提高销售额，但是会给公司的整体业绩带来误导性印象，同店销售的概念是比较本年度和上年度都开放的店铺的业绩，这有助于洞察业务的基本表现。

同样的想法也可以被应用于客户层面。通过查看在这两年中每年都至少进行过一次购买的客户的收入和利润，我们可以了解"同客户表现"（same-customer performance）这一概念。

作为起点，图 4.3 展示了每年利润的分解，我们将其分为两部分：一部分来自那些在这两年都有购买行为的客户，另一部分来自那些只在这两年中的某一年有购买行为的客户。

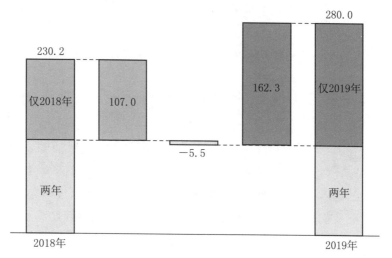

图 4.3 基于客户的年度利润分解（百万美元）

我们看到,仅在 2019 年消费的客户为公司创造的利润比仅在 2018 年消费的高出 50% 以上(162.3 百万美元对比 107.0 百万美元)。难道只是前一组人多的缘故吗? 来自两年都活跃的客户的利润下降了 550 万美元,背后的原因是什么?

为了回答这些问题,我们利用前一章中介绍的利润乘法分解:利润 = 人数 × AOF × AOV × 利润率。表 4.1 报告了对三组客户分解的结果。

表 4.1　各年度业绩基础分解

		2018 年	2019 年
仅 2018 年	AOF	1.4	
(164 万个客户)	AOV	96 美元	
	利润率	48%	
仅 2019 年	AOF		1.5
(220 万个客户)	AOV		101 美元
	利润率		48%
两年	AOF	2.9	2.8
(98 万个客户)	AOV	93 美元	90 美元
	利润率	47%	48%

仅在 2019 年消费的客户组("仅 2019 年"组)的利润比仅在 2018 年消费的("仅 2018 年"组)高出 50% 以上,这一事实是否仅仅取决于这两个群体的相对规模? 不是的。我们发现,平均而言,仅在 2019 年消费的客户组的交易次数也略有增加(AOF 分别为 1.5 和 1.4),并且每次交易的支出也更高(AOV 分别为 101 美元和 96 美元)。因此,这三个因素的结合导致了利润上的差异。

在 2018 年和 2019 年都活跃的客户("两年"组)的相关利润减少了 550 万美元,背后的原因是什么? 虽然 AOF 略有下降(从 2.9 降至 2.8),但这种减少似乎是 AOV 的减少(从 93 美元降至 90 美元)导致的。

在深入研究两年都活跃的客户的行为之前，请注意，该组的AOF远高于"仅2018年"组和"仅2019年"组的AOF。为什么会出现这样的情况呢？如前所述，许多"仅2018年"组的买家可能要么是一次性买家，再也不会出现，要么只是轻度买家。如果你是一个非常轻度的买家，那么你不太可能在这两年都进行消费。因此，那些在这两年都消费的人可能有更高的购买率，这反映在与这组客户相关的AOF中。

关于平均值的题外话

以视角一进行分析得出的一个结论是，客户的行为和价值存在差异。在前一章中，我们对平均值持批评态度。那么我们如何证明使用AOF和AOV的合理性呢？

这些平均值是乘法分解的结果，旨在帮助我们了解总量（例如给定时间段内与一组客户相关的利润）的差异或演变。它们并不是为了总结个人层面的行为。使用它们仅仅旨在提供一个深层次且更具启发性的解释，帮助我们了解观察到的总量差异背后的原因。

不是从总量入手，而是从单客户级别的数据开始进行分析，可以更深入地了解这些差异。现在我们将注意力转向此类分析的两个例子。

客户层面业绩的跨期变化

为了更深入地了解客户层面行为的变化并了解其在2018年至2019年的变化，我们将修改后的十分位数进行了分析。

正如我们在前一章介绍的十分位数分析中所做的那样，我们首先创建客户组，每个客户分组代表每年总利润的10％，从盈利最多到盈利最少排序。我们没有为每一年单独划分十分位,而是将同一套划分标准应用于两年。与十个利润区间相关的九个单客户利润阈值分别是 559、358、259、196、151、117、89、65 和 41(单位均为美元)。因此,相关利润区间并不正好占每年总利润的 10%。

我们在表 4.2 中列出了这两年十分位数的交叉表(第一个十分位是利润最高的客户)。表格主体中的每个单元格显示了 2018 年和 2019 年十分位数区间中的客户人数(以千人为单位)。该表主要描述了在这两年都进行购买的 982 000 个客户在十分位上的转换。[1]

表 4.2　利润十分位上客户数量从 2018 至 2019 年的变化

	2019 年十分位分布情况										仅 2018 年	合计	2018 年占比
	1	2	3	4	5	6	7	8	9	10			
2018 年十分位分布情况　1	7	5	3	2	2	1	1	1	1	1	4	27	1%
2	4	6	6	5	4	4	3	3	3	4	13	52	2%
3	3	5	6	6	5	4	5	6	6	6	24	76	3%
4	2	5	6	7	7	7	6	7	8	11	42	107	4%
5	1	4	5	5	7	8	7	9	10	15	62	135	5%
6	1	3	5	6	8	9	8	11	13	21	93	179	7%
7	1	2	4	6	7	7	9	11	14	24	117	203	8%
8	1	3	5	6	8	10	11	16	21	37	196	313	12%
9	1	3	5	7	9	12	13	19	28	57	304	458	17%
10	1	3	5	8	12	17	19	30	49	141	783	1 069	41%
仅 2019 年	10	25	44	70	98	140	169	271	400	977		2 203	
合计	32	63	93	130	167	222	251	384	551	1 294	1 638	4 824	
2019 年占比	1%	2%	3%	4%	5%	7%	8%	12%	17%	41%			

---

[1]　请注意,表格中各个元素的总和可能由于四舍五入而不等于报告中行或列的总数。

该表的对角线代表在两年内处于相同利润十分位的客户数量。加总对角线上的人数,我们发现这两年都活跃的 982 000 个客户中有 236 000 个客户处于相同的利润十分位,约为 24%。

对于 76% 的客户改变了其利润十分位的这一事实,我们应该如何反应? 首先要认识到的是,其中一些变化可能是客户行为微小变化的结果。例如,那些盈利能力在 358 美元到 559 美元之间的客户被分配到第二个十分位。如果一个客户在 2018 年贡献的利润为 359 美元,2019 年为 357 美元,那么他将成为从第二个十分位下降到第三个十分位的 6 000 个客户之一。同样地,如果他在 2018 年贡献的利润为 558 美元,第二年增加到 560 美元,那么他将成为从第二个十分位上升到第一个十分位的 4 000 个客户之一。

鉴于表 4.1 中报告的这两年都活跃的客户的 AOV 和利润率,很容易看出在 2019 年多做一次或少做一次交易都可能会导致客户改变一到两个十分位,特别是在高十分位数(即盈利能力较低的客户)中,其边界更加接近。

因此,我们可以扩大对角线的定义,看看有多少客户在两年间保持在正负一个十分位之内。对这条扩展的对角线上的客户数量(表中的非阴影区域)进行加总,我们看到,两年都有消费的客户中有 49%(483/982)在两年间的分位数变化在正负一十分位之内。

在此扩展对角线的下方,阴影区域代表了分位数上升超过一个十分位的客户,占这两年都活跃客户的 24%(235/982)。扩展对角线上方的阴影区域代表下降超过一个十分位的客户,占这两年都活跃客户的 27%(270/982)。这种轻微的不对称性与来自两年都活跃客户的利润下降了 550 万美元这一事实是一致的。

我们往往会更频繁地看到这种轻微的逐期下降,而不是逐期增长,我们将在第 5 章(当我们讨论视角三时)扩大时间范围,进一步探讨这一点。

十分位上有极端变化的往往需要我们进一步分析。例如,对角线上方阴影区域右上角正方形的九个单元格,我们发现,30 000 个客户从 2018 年的前三个十分位(利润至少 259 美元)下降到 2019 年的后三个十分位(利润少于 89 美元)。若看"仅 2018 年"列中消费客户的前三行,我们发现,2018 年前三个十分位的客户中有 41 000 人在 2019 年没有进行任何消费。这两组客户值得进一步调查。这种行为变化背后的原因是什么?

同样,看看对角线下方阴影区域左下角正方形的九个单元格,有 27 000 个客户从 2018 年的后三个十分位上升到了 2019 年的前三个十分位。这些变化是否与该公司采取的任何行动有关?

我们再一次看到了前面提到的不对称现象:向下的极端跳跃比向上的更多(41 000 比 27 000)。总体而言,这些数字的绝对值很小(相对于整个客户群体的规模)。虽然其中许多案例可能只是一次性的特殊情况(例如,在国外居住了一年的忠实客户),但在深入挖掘时仍值得研究。

也就是说,这些变化不应分散我们对表 4.2 主要特征的关注:整体稳定性。在这两年中,有不到一半的活跃客户(准确地说是 49%)位于表格扩展的对角线上。在大多数情况下,有价值的客户仍然有价值,而不太有价值的客户则保持不变。这表明,我们在前一章所强调的巨大异质性相当持久,更加说明了通过审计寻找它并仔细考虑如何管理它的重要性。

深入研究同一客户的表现

当我们寻求了解客户层面盈利能力的变化时,一个好的起点是对个人客户层面的利润进行乘法分解。我们可以将客户的年度利润分解为交易次数、每次交易的平均支出和利润率的乘积。

对于每一个客户，我们都会问以下四个问题：他 2019 年为公司创造的利润是否大于或等于 2018 年创造的利润？与 2018 年相比，他

表 4.3　上升/下降分析

利润	交易次数	每次交易的平均支出	利润率	客户人数（千人）	利润（百万美元）		
					2018 年	2019 年	变化
↑	↑	↑	↑	175	9.6	30.0	20.4
↑	↑	↑	↓	115	7.5	18.8	11.4
↑	↑	↓	↑	76	7.3	13.2	5.9
↑	↑	↓	↓	50	5.8	9.8	4.1
↑	↓	↑	↑	36	3.9	5.8	1.9
↑	↓	↑	↓	11	1.4	1.8	0.5
↑	↓	↓	↑	1	0.1	0.1	0.0
↑	↓	↓	↓	0	−0.0	−0.0	0.0
↓	↑	↑	↑	0	−0.0	−0.0	−0.0
↓	↑	↑	↓	15	0.9	0.7	−0.2
↓	↑	↓	↑	80	8.9	5.6	−3.3
↓	↑	↓	↓	129	15.3	8.2	−7.1
↓	↓	↑	↑	53	10.0	6.1	−4.0
↓	↓	↑	↓	51	9.3	5.0	−4.3
↓	↓	↓	↑	92	20.1	6.7	−13.4
↓	↓	↓	↓	98	23.1	5.7	−17.4
				982	123.2	117.7	−5.5
仅 2018 年				1 638	107.0	0.0	−107.0
仅 2019 年				2 203	0.0	162.3	162.3
合　计				4 823	230.2	280.0	49.8

2019 年的消费量是否相同或更多? 他 2019 年每次交易的平均支出是否大于或等于 2018 年的? 他 2019 年的利润率是否大于或等于 2018 年的? 这四个向上/向下(↑/↓)问题会产生 16 组可能的客户。我们在表 4.3 中报告了每组有多少客户,并总结了他们的总体利润。

查看表格的前 8 行,我们发现这两年的活跃客户中有 47%(464/982)的利润在 2019 年保持不变或有所增长,增长总额为 4 420 万美元;其余 53%(接下来的 8 行)的利润下降,总共下降了 4 970 万美元。整体来看,导致净亏损 550 万美元。

一方面,重点关注维持或提高马德里加尔盈利能力的前 47% 客户,其中 63%[(175+115)/464]与表的前两行相关。这些客户维持或增加了在公司的交易次数和每次交易的平均支出。人均利润增长 1 097 美元,占 4 420 万美元利润增长的 72%[(20.4+11.4)/44.2]。

另一方面,看看那些盈利能力下降的客户,他们中最大的一个群体实际上增加了交易次数,但他们每次交易的平均支出和利润率均下降,足以拖累他们的整体盈利能力。虽然他们占利润下降的客户的四分之一,但仅占与这些客户相关的亏损的 14%(−7.1/−49.7)。底部两行(即利润、交易次数和平均支出均下降)的客户占利润下降的客户数的 37%,占利润下降总额的 62%[(−13.4+−17.4)/−49.7],人均利润减少 1 621 美元。

该表的中间两行乍一看可能没有意义。当客户的交易次数、每次交易的平均支出和利润率都下降时,他们的利润为何在这两年间能增长呢? 在所有情况下,该公司在 2018 年都在这些客户身上遭受了损失。前两个数量的下降意味着马德里加尔在这些客户身上的亏损减少了,尽管他们的利润率较低(亏损减少意味着盈利能力提高)。同样,当客户进行的交易次数、每次交易的平均支出及利润率保持不变或增加时,他们的利润为何会下降? 这些也是亏损的客户。虽然他们的利润率变得不再那么负，但交易次数或每次交易平均支出的增加意味着与他们相关的亏损增加。

随着针对同一客户的业绩分析成为成熟的业绩衡量标准，表 4.2 和表 4.3 中提出的分析应该成为常规动作。

结 论

正如我们在本章开头所看到的，跨期分析不仅仅是跨多个时期重复视角一的分析——该视角（图 4.1）几乎完全没有任何有意义的洞察（除了确认视角一的基本规律）。相反，我们的重点放在了从一个时期到下一个时期之间的差异上。通过这个视角，我们获得了深刻的洞察，尤其是当这些洞察基于前一章节首次介绍的分析方法时。

我们对这些变化的主要观察可总结如下：

- 从一个时期到下一个时期，活跃客户的稳定性很小。在这里研究的两年的跨度中，大约 80% 的活跃客户仅在其中一年活跃。这可能令人惊讶，但实际上相当正常。

- 那些只在一个时期活跃的客户往往不如那 20% 在两个时期都保持活跃的客户有价值。特别是，他们的 AOF 明显较低，尽管他们的 AOV 相似（实际上稍高）。

- 对于两期都进行消费的客户来说，他们的盈利能力从一个时期到另一个时期略有下降。总体来说这并不引人注目，而且在客户层面有很多例外，但这种动态不能被视为随机波动。

- 上升/下降分解分析揭示了那些从 2018 年到 2019 年有所改善的客户与那些变差的客户的不同洞察。前一组的大多数人在交易次数和每次交易的平均支出上都明显改善，但后一组的结果则较为复杂。这个结果可能是这个数据集的特殊性导致的,但它凸显了执行此类分析以理解逐期变化性质的重要性。

除了这些描述性发现之外,从视角二的角度来看,还有重要的战略洞察。例如,假设一家公司推出了分层忠诚度计划,赋予其白金客户特殊权益。但在接下来的一段时间内,许多客户不会进行购买,即使在购买的客户中,他们的购买频率也可能会降低,或者每次交易的平均支出也会降低。这是否意味着该计划失败了呢? 这里显示的结果表明,这种变化通常是很自然的,并且应该是可以预料到的。对于任何此类计划来说,重要的是,使用未来的预期而不是过去的历史来衡量并指导项目评估。对于外部事件,如健康危机或宏观经济冲击(例如,经济衰退),也是如此。通过视角二的分析可以帮助我们从自然基线变化中区分这些事件在稳定条件下可能产生的真正增量的影响。

最后提一个问题,作为我们在此介绍的跨期分析的后续思考:第二期之后会发生什么? 我们如何分析这些数据,以及从长远来看我们应该看到什么? 事实上,这些都是至关重要的问题,我们将在下一章开始解决这些问题。但正如视角一为我们构建视角二奠定了基础一样,后续视角将是此处提供的视角的自然延伸。将所有这些视角结合在一起,就能帮助我们正确地可视化和了解客户基础。

执行层面的问题

- 目前,你定期会进行哪些类型的"同类"分析(例如同店销售)? 其中有哪些是在客户层面进行的?

- 除了常规分析,你是否曾经在客户层面进行过视角二类型的分析来评估特定事件的影响? 你的公司有能力这样做吗?

- 当你看到客户从一个时期到下一个时期似乎"消失"时,你是否会反应过度? 你将如何解释,以及你准备因此采取什么策略(例如,"客户赢回"活动)?

- 对于客户在连续时间段内保持活跃,整体客户价值却略有下降的情况,请回答以下问题:你是否愿意容忍这种下滑,还是打算采取措施尝试阻止这种趋势?

- 你是否曾进一步将这些变化分解为其基本组成部分(即交易次数、每次交易的平均支出、利润率)? 这些组成部分如何对客户的盈利能力产生不同的影响?

第5章 客户行为如何演变?

我们从视角二分析中得到的一个结论是,一家公司某一年的销售额的一部分将来自上一年未进行消费的客户。另一个结论是,在某一年进行消费的客户中有一部分在下一年将不再消费。我们不愿意将前一组客户称为"新客户",也不愿将后一组客户称为"流失客户"。我们认为,此类标签代表了对潜伏在公司客户数据库中每个客户性质的极端假设。

如果我们的交易数据库能够跟踪每个客户从第一次消费开始的所有行为(这种情况将越来越多),我们就可以识别哪些客户是真正的新客户。这将开启一套全新的分析,帮助我们深入了解客户行为的演变,从而了解客户基础的健康状况。

这些分析的核心围绕"队列"这个概念,其定义为在给定周期(无论是一周、一个月、一个季度还是一年)获取的客户。当关注这群客户时,我们可以提出以下问题:

- 有多少人会再次来我们这里消费?
- 对于那些回头客,他们的消费行为随着时间的推移如何发展?
- 随着他们作为客户的"年龄"增长,他们会在我们这里消费得更多还是更少?

这些问题,以及其他更多问题,可以通过一系列使用视角三的分析得到回答,这些分析总结了在同一时间段获得的单一客户群体(即一个队列)的行为,从他们首次消费开始,如何随时间演变。

初步分析

在本章中，我们将重点关注 2016 年第一季度从马德里加尔首次消费商品的 294 450 人。我们将其称为"2016 年第一季度队列"。我们拥有截至 2019 年底的客户消费数据，并将利用这些数据进行一系列分析，帮助我们深入了解客户行为的演变。

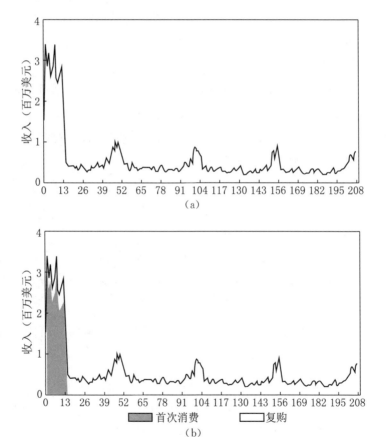

图 5.1 2016 年第一季度队列周度收入

图 5.1(a)是这个队列在这四年期间每周收入的图表。我们发现,周度收入先快速增长,然后波动,最后急剧下降至低于峰值的20％的基础水平。

这里发生了些什么?答案在于收入大幅下降的时间点——2016年第一季度末。那时之前,马德里加尔一直在吸引同类客户,因此其收入不断增加。但在获客期结束后,我们只关注构成该队列的客户的重复消费情况。

这在图 5.1(b)中变得非常清楚,它将周度收入分为与新客户首次消费相关的收入(阴影)和与其后续(或重复)消费相关的收入(无阴影)。我们看到第一季度的大部分收入都与首次消费相关,而重复消费带来的收入在此期间增长缓慢。从 2016 年第二季度开始,所有收入都与重复消费相关。

虽然乍一看可能并不明显,但与这个客户队列相关的收入正在下降,尽管每年第四季度都有明显的季节性增长。对于大多数公司的大多数队列来说,这种缓慢下降是一种相当普遍的规律。这与第 4 章中描述的 2018 年和 2019 年活跃客户跨期消费量下降一致(尽管这不是队列分析)。

探索潜在规律

当我们试图揭示重复销售下降背后的原因时,如果我们转向颗粒度更细的时间单位,潜在的规律将会更加清晰。图 5.2 是与该队列相关的季度收入图。收入的下降现在已经很明显了。

我们对这些收入规律背后的原因进行的初步分析,利用的是我们在前几章中介绍的乘法分解。

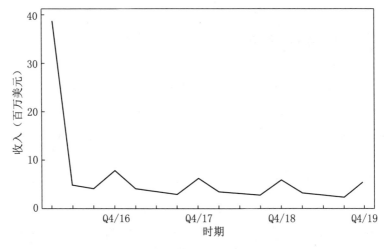

图 5.2　2016 年第一季度队列季度收入

　　首先，我们认识到，并非同一个队列中的所有人都会在各个季度都有消费。因此，特定时间段（本例中为季度）内给定队列的总收入可以分解为当季至少进行过一次购买的队列人数（我们称之为同期活跃客户）和每个同期活跃客户的平均支出的乘积：

$$队列收入 ＝ 同期活跃客户人数 × \frac{队列收入}{同期活跃客户人数}$$

$$＝ 同期活跃客户人数 × 同期活跃客户平均支出$$

　　其次，我们不是要分析给定时期内同期活跃客户人数，而是使用以下恒等式，将该数量分解为同期人数（即队列规模）和队列中至少进行过一次消费的比例：

$$同期活跃客户人数 ＝ 队列规模 × \frac{同期活跃客户人数}{队列规模}$$

$$＝ 队列规模 × 同期活跃客户占比$$

　　结合之前章节中使用的 AOF 和 AOV 的乘法分解，我们得到了

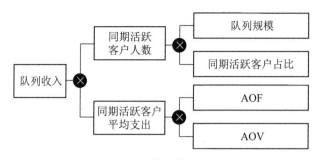

图 5.3 队列收入的乘法分解

在特定时间段内的队列收入的分解,如图 5.3 所示。

我们在图 5.4 中应用了此分解的第一部分,其中每季度队列收入被分解为队列规模、每个季度同期活跃客户占比,以及每个季度同期活跃客户平均支出的乘积。

我们立即看到,收入的季节性(即第四季度收入增长)是两个变量的函数。首先,第四季度的同期活跃客户更多。其次,那些在第四

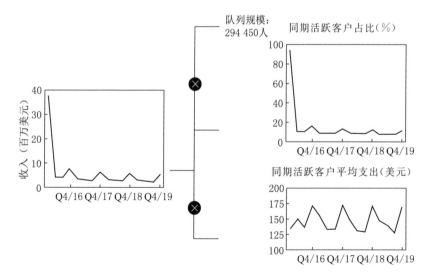

图 5.4 2016 年第一季度队列收入的乘法分解(第一部分)

季度至少进行过一次消费的客户的平均支出高于那些在其他季度至少进行过一次消费的客户。收入的缓慢下滑主要是由于同期活跃客户占比的缓慢下降所致。尽管不是那么明显，但我们也能看到每个同期活跃客户的平均支出略有下降。虽然第四季度的平均支出水平保持得相当稳定，但第二季度和第三季度的数字略有下降。

我们在图 5.5 中应用分解的第二部分，其中每个同期活跃客户的平均支出被分解为 AOF（队列中在该季度至少进行过一次消费的客户）和 AOV 的乘积。每个同期活跃客户的平均支出在第四季度的峰值是 AOF 和 AOV 在第四季度峰值的函数。有趣的是，随着时间的推移，AOF 略有增加，但这被 AOV 更大幅度的下降所主导，导致同期活跃客户平均支出的轻微下降。

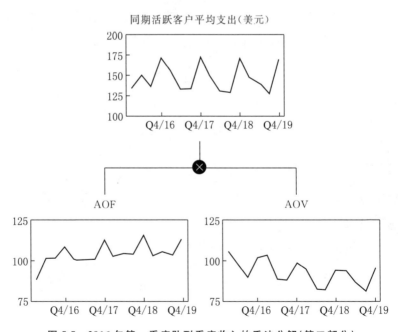

图 5.5　2016 年第一季度队列季度收入的乘法分解（第二部分）

理解消费的演变

查看同期活跃客户占比图(图 5.4),我们发现,从 2016 年第二季度开始,在所选季度进行消费的客户占比在 7％—17％之间。这背后的原因是什么? 是否存在这样的情况:80％的人群从未进行过第二次消费,而剩下的 20％在剩余季度内不断进出市场? 或者队列中的所有客户都"活着",只是很少消费?

为了回答这个重要的问题,我们进行了以下分析。对于队列中的每个客户,我们询问了他们是否在 2016 年进行了第二次消费,在 2017 年至少进行了一次消费,在 2018 年至少进行了一次消费,以及在 2019 年至少进行了一次消费。有 16 种可能的是或否的组合,以及 2016 年第一季度队列在每种组合中的占比,如图 5.6 所示。

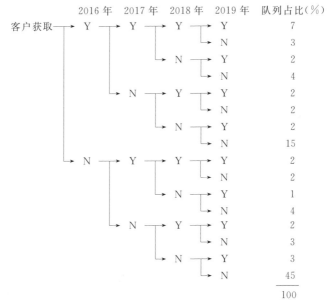

图 5.6　2016 年第一季度队列的年度消费记录

三个显著的发现映入眼帘。首先，我们看 N-N-N-N 序列[①]，我们发现 2016 年第一季度获取的客户中有 45％直到 2019 年底都未在马德里加尔进行第二次消费。这么多"一次性"客户的存在经常让那些没有仔细研究客户队列数据的高管感到惊讶，但这实际上是一个非常普遍的现象。

其次，从 Y-N-N-N 序列来看，我们发现 2016 年第一季度获取的客户中有 15％在 2016 年至少进行过一次消费，但在随后的几年中没有进行过一次消费。总而言之，这意味着 2016 年第一季度获取的客户中有 60％在 2017—2019 年没有再次消费。换句话说，这三年里所有的消费都由 40％的人完成。

第三个亮点在 Y-Y-Y-Y 序列：只有 7％的人在 2016 年的某个时候至少额外消费了一次，并且在随后的每年至少消费了一次。

仔细观察图 5.6，我们注意到，该群体中的 26％（100－7－3－4－15－45）具有如下特征，在某一年未能（重复）消费，但在随后的一年中至少进行一次消费。一年内没有消费并不意味着客户"流失"，这意味着我们必须非常小心地在这样的情况中使用诸如"保留"或"留存"之类的术语（更多内容将在第 9 章中介绍）。

我们可以考虑的一个指标是（年度）重复购买率（repeat-buying rate），即在一个周期（在本例中为一年）内活跃的群体中，有多少百分比在接下来的一年中至少进行一次消费。从图 5.6 顶部开始排序，最右侧处于第 1—4 位和第 9—12 位的与 2017 年至少消费过一次的个人相关，这相当于该队列的 25％，意味着我们 2016—2017 年的重复购买率为 25％。在 2017 年至少消费过一次的 25％的人中，有多少人在 2018 年至少消费过一次？处在第 1—2 位和第 9—10 位的相

---

① 2016—2019 年每年的回答均为 N。——译者注

关队列占比为 14％,因此我们 2017—2018 年的重复购买率为 56％
(14/25)。同样,23％的人在 2018 年至少进行过一次消费。注意到
该群体中有 13％与第 1、5、9 和 13 位相关,我们得出 2018—2019 年
重复购买率为 57％(13/23)。

为了强调不要过早宣布客户"流失"的观点,我们注意到 23％的
队列在 2018 年至少进行了一次购买,14％的队列在 2017 年和 2018
年都分别至少进行了一次购买。换句话说,2018 年活跃客户中有
39％(1－14/23)在 2017 年不活跃。这可能看起来出乎意料地高,也
肯定会促使我们采取更细致的方法来定义"流失"客户。

回到前述结果,55％的群体(N-N-N-N 以外的)最终确实在该公
司进行了第二次消费,他们花了多长时间才这样做? 在图 5.7(a)中,
我们绘制了在 2016 年第一季度、2016 年第二季度等进行第二次消费
的队列占比。我们发现 17％的客户在首次消费的同一季度进行了第
二次消费,还有 8％的客户在 2016 年第二季度进行了第二次消费,以
此类推。我们看到这一数字迅速下降,在每年第四季度有所回升。

图 5.7(b)是这些数字的累积分布,报告了每个季度末进行过第
二次消费的队列的占比。例如,我们发现该群体中有 38％的人在
2016 年底进行了第二次消费。我们预计该群体中的少数成员可能
会在 2019 年底之后进行第二次消费,但可能性很低。如果我们以
55％为限,我们看到,这四年期间最终会进行第二次购买的群体成员
中,超过一半是在 2019 年第三季度结束之前这样做的,第四季度的
上涨在这条累积分布曲线中基本上被平滑掉了。不过仍然有证据表
明,一群客户最终在假日季节的某个时候进行了第二次消费。

2016 年第一季度队列中有 45％到 2019 年底从未进行过第二次
消费,我们是否应该担心? 显然,答案是"视情况而定",但是这取决
于什么?

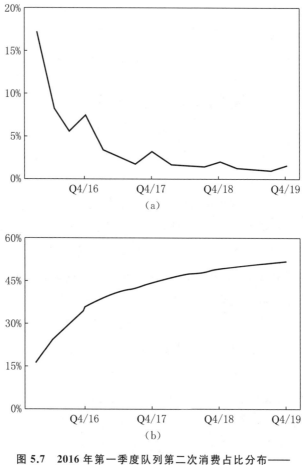

图 5.7　2016 年第一季度队列第二次消费占比分布——
(a)季度分布(b)累积分布

　　答案是这很大程度上取决于你销售的产品或服务的类型。如果你销售的是喜马拉雅山上的假期徒步旅行，或者是南太平洋岛屿上的精品酒店，那么对于绝大多数客户来说，你将是一生一次的消费，这是可以理解的。如果你是一个小镇上的咖啡店，游客流量有限，你应该感到担忧。你需要反思你的产品或服务的性质，并反思你满足了客户什么样的差异化需求。

回顾图 5.5 中的 AOF 分布，我们注意到 2016 年第一季度的
AOF 为 1.24，明显低于随后任何季度的 AOF。[①]如前文所述，17％的
队列在 2016 年第一季度进行了至少第二次消费。如果这些客户中
的每个人在那个季度只进行了一次额外购买，2016 年第一季度的
AOF 将为 1.17。事实上，后续的数据表明，一些客户在第一季度进
行了三次或更多次的消费。这就提出了一个问题：客户进行第三次
消费（如果有的话）、第四次消费等需要多长时间，以及随着客户购买
次数的增加，这些"到下一次购买的时间"分布如何变化。

在图 5.7 中，我们报告了第二次重复消费的队列的占比。在第
一季度第一天进行首次消费并在第二季度最后一天进行第二次消费
的客户与在第一季度最后一天进行首次消费并在第二季度第一天进
行第二次消费的客户被同等对待。

为了区分这两类客户，我们可以计算每个客户的第一次和第二
次（如果观察到的话）消费之间的时间。图 5.8 中的"1 到 2"曲线报告
了在首次购买后 4，8，…，52 周内进行第二次购买的百分比。我们
发现（如前所述），38％的队列在第一次消费后一年内进行了第二次
消费。在一年内进行第二次消费的客户中，超过一半（占该队列的
21％）是在首次消费后 16 周内完成的。

我们还可以计算客户第二次消费（假设他们进行了一次）和第三
次消费（如果在 2019 年第四季度末观察）之间的时间。[②]同样，我们可

---

　　①　由于 AOF 被定义为平均订单数，其下限为 1.0（即，如果每位买家仅进行一次购买）。
　　②　在创建此图时，我们不关注客户进行消费的实际具体时间点。我们只对消费之
间的时间感兴趣。例如，一个人在 2018 年第四季度的第一天进行第二次消费，八周后进行
第三次消费，与一个人在 2016 年第一季度第二周进行第二次消费，八周后进行第三次消费
的情况是被一样对待的。

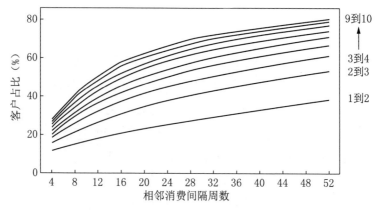

图 5.8　从上一次消费到下一次消费时间跨度的累积分布

以计算客户的第三次消费（假设存在）和他们的第四次消费之间的时间，以此类推。图 5.8 报告了在上一次购买后 4，8，…，52 周内进行下一次购买的百分比。[①]

　　查看此图，我们发现曲线具有相同的基本形状。然而，随着消费次数的增加，它们的增长速度会更快。我们观察到，消费的次数越多，他们在上次消费后 52 周内进行下一次消费的百分比就会增加（尽管以递减的速度）。因此，消费过 7 次的人比只消费过 2 次的人更有可能在接下来的 52 周内进行下一次消费。

　　解读这个图表时需要记住两个关键点。第一点，客户异质性在理解这种分布时发挥着重要作用。计算"1 到 2"曲线的"基数"是队列中的所有客户。"2 到 3"曲线的"基数"是在 2018 年第四季度末之前进行了第二次消费的所有客户，因此，我们有一整年的时间来观察

---

　　①　在新产品销售预测的文献中，这些被称为"重复深度曲线"（depth of repeat curves）。该领域的开创性论文是杰拉尔德・J.埃斯金（Gerald J. Eskin）的"Dynamic Forecasts of New Product Demand Using a Depth of Repeat Model"，发表于《市场营销研究杂志》（*Journal of Marketing Research*），第 10 卷（1973 年 5 月），第 115—129 页。

他们是否进行了第三次消费。同样,"9 到 10"曲线的"基数"是队列中所有在 2018 年第四季度末之前已经进行了第九次消费的客户,这样我们就有一个完整的年度来观察他们是否进行了第十次消费。显然,到 2018 年第四季度末已进行过九次消费的队列与在该时间间隔内仅进行过两次消费的人群不同。从定义上来说,前一组买家是更重度的消费者,因此,他们的曲线上升得更快,在第 52 周达到更高的水平也就不足为奇了。

第二点涉及一个更广的范畴,即不要混淆相关性和因果性。通过提供非常慷慨的促销来"贿赂"客户进行第二次消费,可能不会改变他们潜在的消费倾向:他们可能不会因此更频繁地消费,从而增加他们对公司的价值。它所做的只是鼓励他们等待下一次慷慨的促销,这会损害盈利能力。

许多公司试图通过激励客户重复消费来"解决"一次性客户的问题。但图 5.8 所示的规律性——这就是我们在几乎所有公司的重复消费中看到的——重复消费的"自然演变"很难改变。事实证明,客户之间的潜在差异往往会比营销行为产生更强大、更持久的影响。

探索客户价值的差异

到目前为止,我们应该已经在你的脑海中灌输了"客户之间存在差异"的观念。如果在给定时期这点是成立的,那么当我们在更长的时间范围内观察时,这点更是毫无疑问,甚至可能更富有戏剧性。因此,当我们从基础业务数据立方体的"客户×时间"面的一个垂直切片(视角一)转向一个水平切片(视角三)时,很自然就会好奇,队列中的不同客户在对公司的长期价值方面有何不同。我们将重点关注他们在四年期间(2016—2019 年)的(未贴现的)盈利能力,我们称之为

"迄今为止的价值"（value to date，VTD）。

单个客户的 VTD 范围从亏损 1 106 美元到盈利 25 582 美元不等。（该队列的 VTD 总额为 5 050 万美元。）对于这四年期间利润在零至 1 000 美元之间的队列，我们分别计算有多少人属于不同的宽度为 25 美元的区间。我们还为让公司亏损的客户和 VTD 高于 1 000 美元的客户各创建了一个区间。图 5.9 绘制了属于每个区间的队列占比。

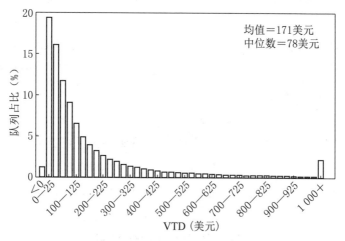

图 5.9　2016 年第一季度队列 VTD 分布

我们再次看到右偏分布：2016 年第一季度首次通过马德里加尔购物的 294 450 人中，有 50％的 VTD 低于 78 美元；73％的 VTD 低于队列平均水平 171 美元。

为了深入了解这些差异，我们进行了基于 VTD 的十分位数分析。我们根据 VTD 对队列中的 294 450 个客户进行排序，从盈利最高到盈利最低。第一个十分位由该队列中最赚钱的客户组成，他们占该队列总 VTD 的 10％。第二个十分位由该队列中第二最赚钱的

表 5.1　按 VTD 十分位数划分的客户行为统计

十分位	VTD 占比	队列 占比	交易次 数占比	平均 VTD (美元)	AOF	AOV (美元)	利润率
1	10%	1%	7%	2 441	36.3	136	50%
2	10%	1%	8%	1 247	20.5	123	49%
3	10%	2%	8%	842	14.6	117	49%
4	10%	3%	9%	609	11.1	111	49%
5	10%	4%	9%	451	8.6	107	49%
6	10%	5%	9%	334	6.6	103	49%
7	10%	7%	10%	243	5.0	99	49%
8	10%	10%	10%	168	3.7	94	48%
9	10%	16%	11%	105	2.5	89	48%
10	10%	51%	20%	34	1.4	59	40%
				171	3.7	97	48%

客户组成,他们占该队列总 VTD 的 10%,以此类推。

我们在表 5.1 中报告了每个十分位数的大小及每个十分位数的平均 VTD 的分解,这里使用与第 3 章中相同的十分位数乘法分解。

该队列中前 11% 的客户(十分位数 1—5)占了该队列总 VTD 的一半,这比之前基于盈利能力划分的十分位数更加集中(见表 3.4,马德里加尔 2019 年的前五个十分位的上客户占了 15%)。虽然这些数字可能没有显著差异,但它们显示了随着对固定队列客户观察期的增加,异质性的程度似乎"增加"了。

虽然更有价值的十分位比不那么有价值的十分位具有更高的 AOF 和 AOV,但我们看到十分位数之间在 AOF 上的差异远大于 AOV 的:第一个十分位上的 AOF 几乎是第十个十分位上的 26 倍,而第一个十分位上的 AOV 仅比第十个高出两倍多。这如何反映在客户随时间变化的行为上?

我们在表 5.2 中报告了每年中每个十分位上活跃客户的队列占比。不出所料,该队列中更有价值的客户每年都更加活跃,这也加强了这样一个观点:随着时间的推移,同一队列中客户之间的差异会进一步加剧。

表 5.2　按 VTD 十分位数划分的年度活跃客户占比

十分位	队列占比	2016 年	2017 年	2018 年	2019 年
1	1%	100%	95%	94%	90%
2	1%	100%	91%	90%	84%
3	2%	100%	85%	84%	78%
4	3%	100%	79%	75%	70%
5	4%	100%	70%	66%	61%
6	5%	100%	60%	55%	50%
7	7%	100%	50%	44%	40%
8	10%	100%	37%	32%	29%
9	16%	100%	22%	19%	16%
10	51%	100%	7%	6%	5%

当然,必须指出的是,从绝对值来看,第十个十分位上的队列在 2019 年活跃的人数多于第一个十分位上的队列(51% 的 5% 大于 1% 的 90%)。因此,我们必须小心不要过快地"摒弃"低价值客户。

盘点:RFM 分析

前面的分析描述了一群新客户的行为是如何随着时间的推移而演变的。站在 2019 年末,我们该如何盘点这批客户呢?

一种起源于目录销售时代的方法是所谓的 RFM 分析。

- R 代表新近度(recency)。对于队列中的每一个客户,我们都会记录他们最后一次消费的时间。在此示例中,我们记录了他们最后一次消费发生的季度。

- F 代表消费频率(frequency)。对于队列中的每一个客户,我们记录了他们在这四年期间在马德里加尔进行的交易次数。

- M 代表消费金额(monetary value)。这可以解释为支出或利润。在这个案例中,我们将关注利润。对于队列中的每一个客户,我们记录了他们在这四年期间每次交易的平均利润。

我们首先根据新近度对队列进行分段:他们的最后一次购买是在 Q1(2016 年第一季度)、Q2—Q8(2016 年第二季度—2017 年第四季度)、Q9—Q15(2018 年第一季度—2019 年第三季度)还是 Q16(2019 年第四季度)? 然后,我们根据频率对队列进行细分:他们在过去四年中是否只消费过 1 次、2—4 次、5—10 次,还是 11 次或更多? 最后,我们根据每次交易的平均利润对队列进行细分:是低于 25 美元、在 25 美元到 50 美元之间、在 50 美元到 75 美元之间,还是超过 75 美元?[①]

具有四个新近度类别、四个消费频率类别和四个消费金额类别,理论上应该有 64 个可能的 RFM 组合。然而,在此应用中,只有 52 种可行的组合,因为消费频率为 1 的任何人都不能在 2016 年第一季度之后进行消费。在表 5.3 中,我们报告了与每种可行的 RFM 组合相关的队列客户数量。

---

① 我们选择为每个 R、F 和 M 设置四个区间及其边界,这并没有什么神奇之处。我们的选择是为了让读者在分析时更容易理解和获取有用的信息。话虽如此,我们认为给第一个和最后一个季度设置独立的新近度区间是有意义的。同样,为消费频率为 1 的情况设置一个区间也是合理的。

表 5.3　2016 年第一季度队列的 RFM 统计（客户数量以千人为单位）

新近度	每次交易平均利润（美元）	消费频率			
		1	2—4	5—10	11+
Q1	<25	52.9	6.6	0.1	0.0
	25—50	33.5	5.4	0.1	0.0
	50—75	19.2	3.1	0.0	0.0
	75+	27.5	3.6	0.0	0.0
Q2—Q8	<25		11.6	1.5	0.1
	25—50		14.3	2.5	0.2
	50—75		8.5	1.6	0.1
	75+		8.6	1.3	0.1
Q9—Q15	<25		7.9	4.9	1.7
	25—50		10.0	8.9	3.0
	50—75		5.8	5.0	1.6
	75+		4.8	3.3	1.0
Q16	<25		2.0	2.5	3.2
	25—50		3.1	5.4	5.6
	50—75		1.8	3.0	2.8
	75+		1.5	2.0	1.3

　　根据本章前面提出的分析，看到大部分队列位于表的左上部分（即新近度或消费频率低）一点也不奇怪。请记住，到 2019 年底，该队列中有 45% 的人没有进行第二次消费，因此频率为 1。但令人惊讶的是，表中人数最少的部分就在它旁边（在右上角）。表格上半部分各列的变化比下半部分大得多，但这是有道理的：几乎可以肯定，在 2016 年第一季度之后的时期，重度买家很活跃。

　　右上角的极少数买家（例如，消费频率为 5—10 次、每次交易平均利润为 25—50 美元的大约 100 个客户）曾经是非常好的客户，但自 2019 年第一季度以来,他们似乎已经退出。从某种意义上说,他们是一种更极端的"一次性"的客户——考虑到他们过去的活跃程度,也许他们再次回来的可能性更小。

最后,请注意,此表的大部分"操作"与新近度和消费频率的变化相关,而不是与消费金额相关。这反映了我们之前的一些讨论(针对视角一),即支出水平在很大程度上独立于交易流量。它还强化了本节标题的意义:RFM。这些字母的顺序并非巧合:新近度和消费频率比消费金额更重要、更具有诊断意义。这并不是说后者不重要,一点也不。消费金额属于这三个关键统计指标中的一员,但排在第三位。支出和利润水平可能比新近度指标更明显(并引发更强烈的管理层反应),但仔细的客户审计客观地反映了它们真正的重要性。

总　结

从纯粹的方法论/分析角度来看,视角三与视角一似乎并没有太大区别,有人可能(错误地)说我们在视角三上所做的一切都只是拉长了时间窗口。但这里还发生了其他很多事情。

视角一和视角三的范畴有一个极其重要的区别:在视角一中,我们研究了 2019 年所有活跃的客户,不管客户是何时获取的。从某种意义上说,我们混合了苹果和橙子,因为我们没有区分新客户和长期客户。相比之下,在视角三中,我们只关注(大约)同时获取的定义明确的客户群体,这种差异至关重要。

因此,将我们在视角一中介绍的静态分析应用于(甚至拓展)从长期进行分析的视角三是有裨益的。我们看到,随着一次性客户退出,更有价值的客户保持活跃,从视角一中最初观察到的异质性被放大。但即使是有价值的客户也存在一些有趣的异质性和随时间变化的规律，正如我们对连续消费间隔时间的分解和探索所示。

　　视角三的队列分析无论从字面上还是实质上都处于客户审计的核心，因此，它不应与其他视角混同。为了进行下一步的分析，我们会回到视角一到视角二的过渡，并借此突出后续队列分析的重要性——这就是视角四将重点关注的内容，视角五也将以此为基础。

执行层面的问题

- 你依靠哪些技术或营销计划来"标记和跟踪"你新获取的客户，来实现队列分析？

- 当你参与不同类型的促销或其他以客户为中心的活动时，你是否会单纯地以跨期的方式对其进行评估（如视角二所示），还是会寻找周期更长、针对某一队列的视角？

- 你是否（向内部或外部利益相关者）提供反映队列行为的定期报告？

- 我们目前只从时间角度关注了队列的变化。但是，你是否会查看其他类型的队列，根据其他获取特征（例如渠道、产品或与首次消费相关的活动及获取时间段）对客户进行分组？

- 你是否尝试积极衡量/管理（明显）一次性的客户？你对他们投入了多少（以及持续多长时间）才能使其成为持续的回头客，以及你在什么时候（如果有的话）放弃他们？

- 你的组织是否进行过基于 RFM 的细分？创建/识别这些组合后，你将如何处理它们？这种细分方案如何与你可能依赖的其他细分进行比较（或交互）？

第 6 章 不同客户队列如何比较？

在客户审计中出现的最直接、最重要的结果之一是：并非所有客户都是平等的。这是贯穿本书的一个主题。但对于客户队列来说，也是如此：虽然了解特定队列的整体价值（及其动态）至关重要，但往往队列之间的差异更能告诉我们关于客户基础（因而是整个组织）当前和未来的健康状况。

每个以成长为导向的公司都在不断地寻找新客户，但以客户为中心的公司应至少像关注下一批客户的数量一样关注他们的质量。考虑到这一点，我们在前一章的基础上进行构建，将其作为进行此类比较的基础。为清楚起见，我们将一次集中比较两个队列，然后在下一章中进一步展开。

我们先研究一下马德里加尔在 2016 年第三季度和第四季度消费的两个（季度）客户队列。图 6.1 展示了与这两个队列相关的季度利润。

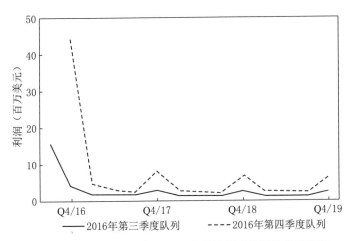

图 6.1 2016 年第三季度和 2016 年第四季度队列的季度利润

除了 2016 年第四季度队列作为一个整体对马德里加尔具有更大的价值这一事实之外,仅仅通过查看原始数据很难对这两个队列进行有意义的比较,而且这种观察可能会有些误导。

许多公司开始采用基于队列的业务视角时会做的一件事是,将每个队列每个时期的利润与获取其时的利润进行挂钩。我们在图 6.2 中报告了这两个队列的相关数字。

从这样一个图表中我们能获得什么信息?除了相比 2016 年第四季度队列,2016 年第三季度队列"保留"了客户获取季更高的利润,其余能得到的信息并不多。我们甚至不能说 2016 年第三季度队列的平均价值高于 2016 年第四季度队列的。

任何关于队列差异的调查都应该从将个体客户作为分析单位开始。在我们对视角三的讨论中,我们研究了随着时间的推移变化的队列层面收入的乘法分解,在知道每个时期有多少客户是活跃时,这是可能的。在图 6.3 中,我们对此进行了扩展,得到了队列层面利润的乘法分解。

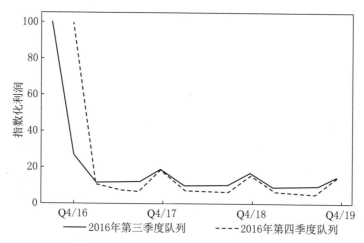

图 6.2　2016 年第三季度和 2016 年第四季度队列的指数化利润
（以客户获取季为基准）

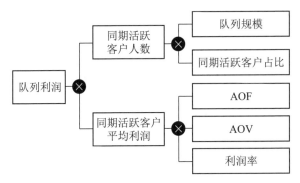

图 6.3 队列利润的乘法分解

马德里加尔在 2016 年第三季度获取了约 284 000 个新客户,在第四季度获取了约 616 000 个新客户。仅此一点就可以解释图 6.1 所示的利润差异,因此通过汇总数据来了解实际情况非常重要。

控制队列规模的差异后,我们首先检查同期活跃客户占比、AOF、AOV 和利润率的演变。我们在图 6.4—图 6.7 中绘制了每个队列的这四个指标随时间变化的情况。

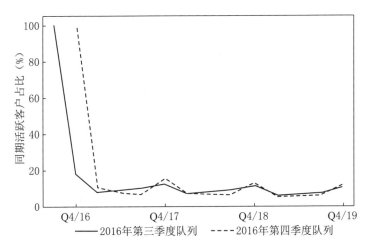

图 6.4 2016 年第三季度和 2016 年第四季度队列的活跃客户占比

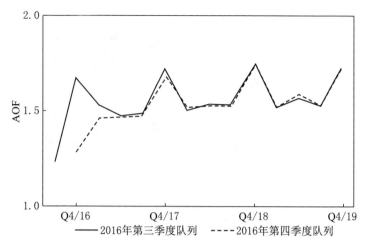

图 6.5　2016 年第三季度和 2016 年第四季度队列的季度 AOF

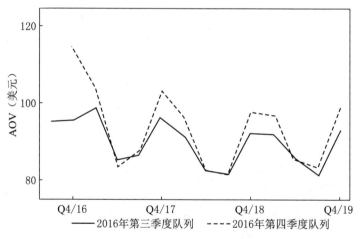

图 6.6　2016 年第三季度和 2016 年第四季度队列的季度 AOV

　　让我们首先研究一下，两个队列任一季度在活跃客户占比方面有何不同。我们在图 6.4 中看到，对于该指标，两个队列的活跃客户占比都迅速下降到了相似的水平。然而，有两个细微的差别。首先，

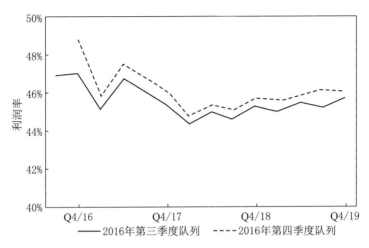

图 6.7　2016 年第三季度和 2016 年第四季度队列的利润率

我们看到 2016 年第四季度队列的季节性更大。与 2016 年第三季度队列相比,2016 年第四季度队列的客户活跃度在第四季度略高,而在每年其他三个季度的活跃度则较低。其次,对于刚获取客户后的一个季度中活跃客户占比,2016 年第三季度队列高于第四季度队列,这反映了活跃客户占比指标的季节性。虽然随着时间的推移总体呈下降趋势,但我们在第四季度看到了一些波动,这反映了马德里加尔假日季的消费情况。

现在将我们的注意力转向 AOF 的演变(图 6.5),两个队列在马德里加尔客户"生命"的早期存在明显差异。两个队列第一季度的 AOF 都低于平均水平(2016 年第三季度队列为 1.2,2016 年第四季度队列为 1.3)反映了这样一个事实:大量新客户只从马德里加尔购买过一次商品。2016 年第四季度队列第一期的 AOF 相比 2016 年第三季度队列第一期的略高,表明客户的重复购买的速度略快。这反映了消费行为的总体季节性,2016 年第三季度队列的 AOF 也体现了这一点,该指标从 2016 年第三季度到 2016 年第四季度实现了一次跳跃。尽管早期存在这些差异，但两者在活跃客户的 AOF 方面很快变得非常相似。

两个队列活跃客户的 AOV 有何不同？从图 6.6，我们观察到了季节性，同时，AOV 随着时间的推移而下降。然而，我们确实观察到两个关键差异。2016 年第四季度获取的客户在他们与马德里加尔接触的第一个季度，平均支出更多。虽然他们的 AOV 在随后的第一和第四季度略高于 2016 年第三季度队列，但在第二和第三季度基本相同。

最后，从利润率来看（图 6.7），我们发现这两个队列一直存在差异，2016 年第四季度队列的每次交易的利润率一直高于 2016 年第三季度队列的。这背后隐藏着什么？是因为这些客户购买了具有不同利润率的产品组合吗？他们购买促销产品的倾向有何不同？我们需要更深入地挖掘数据，借此了解为什么我们会看到这种差异。虽然这样的调查绝对值得进行，但对于高维度的客户审计来说可能涉及太多细节。

反思这两个队列之间被观察到的差异，我们似乎可以合理地推断，刚才描述的许多影响可归因于一个队列是在假期期间（第四季度）获取的，而另一个队列不是在假期期间获取的。考虑到这一点，我们现在对同一季度但不同年份获取的两个队列重复类似的练习。

作为一个示例，让我们考虑马德里加尔在 2016 年第四季度获取的队列，并将其与在 2017 年第四季度获取的队列进行比较。与这两个队列相关的季度利润如图 6.8 所示。

如前所述，2016 年第四季度队列的客户人数为 616 000。除了 2017 年第四季度队列规模略小的事实（589 000 人），这两个队列有何不同？

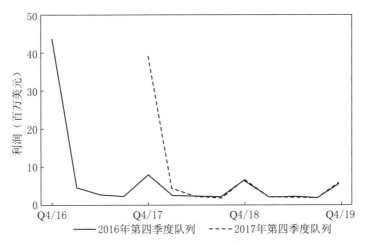

图 6.8　2016 年第四季度和 2017 年第四季度队列季度利润

　　我们应用与前面相同的利润乘法分解法。但是,我们将对相关数字的呈现方式稍作更改。横轴代表时间,这意味着与 2017 年第四季度队列相关的线比与 2016 年第四季度队列相关的线向右移动了四个季度,我们将重点关注每个队列的"年龄"。换句话说,我们将与每个队列相关的线左对齐,这样我们就可以看到一个队列从"诞生"开始的行为演变是否与其他队列相同。当购买行为具有很强的季节性时,就像马德里加尔的情况一样,如果我们将每个季节同一时期"出生"的队列的数字左对齐(在本例中为第四季度),那么图表将会更加清晰。

　　在图 6.9 中,我们绘制了这两个队列每个季度活跃客户占比的演变。对许多人来说,队列层面数据的一致性可能令人惊讶。我们正在观察两组相隔 12 个月获取的客户,然而他们"老化"的方式几乎完全相同。数据中,我们考虑的是相关客户在任何后续季度至少进行一次消费的占比。

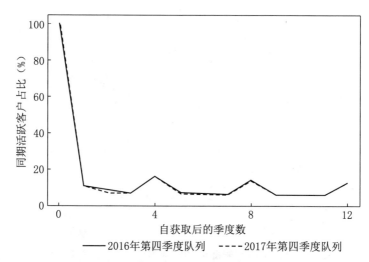

图 6.9　2016 年第四季度和 2017 年第四季度队列活跃客户占比

观察两个队列中活跃客户的 AOF（图 6.10）和 AOV（图 6.11）随时间的演变，我们发现了一些差异，但它们并不是特别大或系统性的（尤其是与图 6.5 和图 6.6 中之前的跨队列比较相比）。

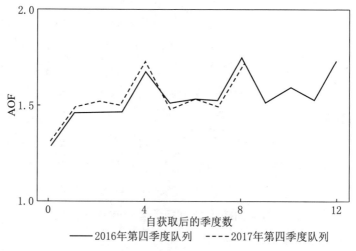

图 6.10　2016 年第四季度和 2017 年第四季度队列 AOF

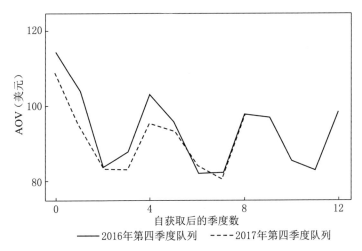

图 6.11　2016 年第四季度和 2017 年第四季度队列 AOV

　　最后,我们看看利润率随季度演变的差异(图 6.12)。这显然是我们在这两个队列中看到的最大差异,因此一个自然的问题是马德里加尔在 2016 年第四季度和 2017 年第四季度之间的定价和促销政策是否有任何变化。

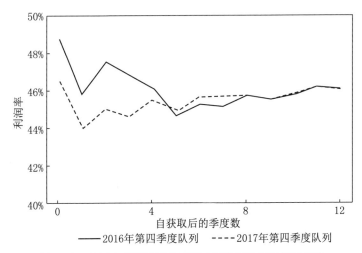

图 6.12　2016 年第四季度和 2017 年第四季度队列利润率

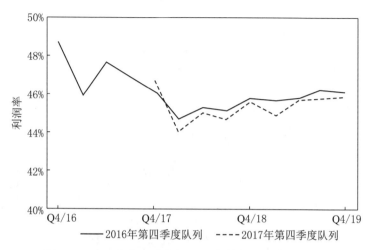

图 6.13　2016 年第四季度和 2017 年第四季度队列利润率
（根据时间轴绘制）

　　在图 6.13 中，我们绘制了相同的数字，其中图的横轴仍旧表示时间（即季度），而不是左对齐。现在差异已经不那么明显了。从 2016 年第四季度开始，利润率先下降，然后逐渐上升，这似乎表明马德里加尔的定价和促销政策随着时间的推移而发生变化，而不是客户性质在发生变化。

　　除了演示基本利润分解，我们还可以对前一章讨论的其他类型的队列层级数据进行比较。例如，了解重复购买演变的一种方法是查看新客户在第一次消费后多久进行第二次消费（如果有的话）。

　　回到我们对 2016 年第三季度和 2016 年第四季度队列的比较，我们在图 6.14 中绘制了在消费后一年内进行第二次消费的客户的累积百分比。我们发现，2016 年第三季度队列中有 35％ 的客户在当年至少重复购买过一次。对于 2016 年第四季度队列来说，这一比例略低，有 33％ 的客户进行了重复购买。

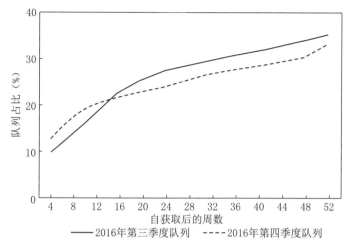

图 6.14　2016 年第三季度和 2016 年第四季度队列二次消费的累积分布

为了更好地了解这两个队列中重复购买的演变,我们可以查看该图的增量(逐个时期)版本。在图 6.15 中,我们绘制了客户在第一次消费后的头四周、接下来的四周等各个时间段内,从马德里加尔进行了第二次消费的比例。

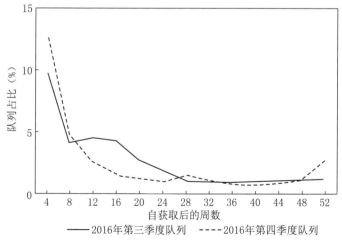

图 6.15　2016 年第三季度和 2016 年第四季度队列二次消费所花周数

我们注意到，2016 年第四季度队列中，有更大比例的客户在首次购买后的 4 周内重复购买。考虑到我们之前观察到的季节性，这也许并不奇怪。出于同样的原因，我们在首次购买后 49 周至 52 周观察到的二次消费占比的上升也不足为奇。我们的队列中有一群定期在假期消费的客户，但他们在当年其他的时间里并没有做太多事情。

虽然 2016 年第四季度队列中进行第二次消费的人数迅速下降，但我们并没有看到 2016 年第三季度队列中进行第二次消费的人数下降得如此之快，因为一群客户在 12 周至 20 周后从马德里加尔进行了第二次消费（即假期期间）。这表明这两个队列的构成相当不同，而且对于马德里加尔来说是重要且可以采取措施的。

将此与 2016 年第四季度和 2017 年第四季度队列的数据进行对比（图 6.16 和图 6.17）。除了在第一次消费后的头四个星期内进行第二次消费的队列占例略有差异，这两个队列在重复购买（最初）的发展方面几乎相同。

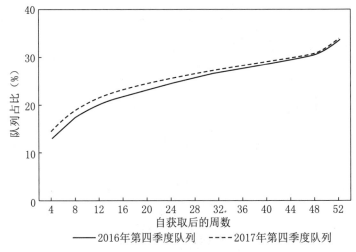

图 6.16　2016 年第四季度和 2017 年第四季度队列二次消费的累积分布

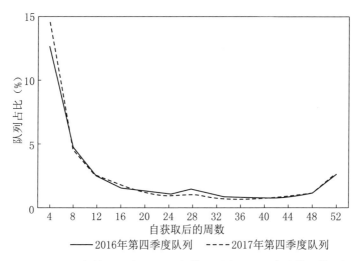

图 6.17　2016 年第四季度和 2017 年第四季度队列二次消费所花周数

总　结

以上两种不同的跨队列比较方式展示了进行此类分析的"艺术和科学"。诚然,这些比较都没有揭示出显著的差异,但这种情况相当普遍——而且可能是一件好事。与几个季度后获取的另一组客户进行对比,相比跨队列的剧烈波动,稳定通常是更好的。

然而,这些稳定的数字不应让我们陷入错误的安全感。定期进行此类分析非常重要,它可以作为整个客户基础退化的早期预警信号。当队列数据开始变差时(可能是因为良好的潜在客户池已经"枯竭",或者可能是由于竞争活动),这种退化可能会持续下去,并且随着时间的推移变得越来越糟。尽早发现这些变化非常重要。

再说得简单些,那些只关注总体数据的公司,可能要等到很多队列(可能覆盖两到三年的时间)都出现了问题之后,才能注意到这种下滑。到那时,问题已经对整个客户基础产生了明显的影响。

这就是视角四如此重要的原因。就像传统的财务审计一样，无聊通常是好的，因为有烟的地方常常会发生火灾。

执行层面的问题

- 正如许多公司会进行逐期分析（例如，同店销售比较），你是否定期进行跨队列分析？
- 除了对两个队列在总体层面进行简单的比较，你的公司是否具有深入表面分析差异的要求和技能？
- 你能否将前述的分解分析与营销（和其他）活动联系起来，并以此解释为什么会出现这些差异？它们是短期"波动"还是长期趋势？

第 7 章　你的客户基础健康吗?

回想一下第 2 章中介绍的业务数据立方体,特别是迄今为止我们讨论的焦点——"客户×时间"面。每一章都介绍了观察这一面的新方法,增加了以前没有涉及的视角和复杂性。我们从一到两个垂直切片(视角一和二)开始,然后是一到两个水平切片(队列;视角三和四)。现在是时候将所有内容整合在一起了。我们终于能够回答客户审计的终极问题了:从以客户为中心的角度来看,马德里加尔是否处于"良好状态"?

图 7.1 报告了过去四年每年的收入和利润(与图 2.10 相同)。虽然 2017 年与 2016 年相比并没有大幅改善,收入增长了 7%,利润增长了 4%,但 2018 年和 2019 年的情况要好得多。这两年来,收入增

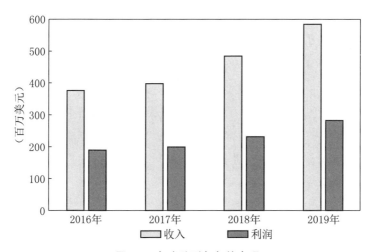

图 7.1　年度队列每年的表现

长了 21％,利润分别增长了 18％和 22％。我们应该感到高兴,不是吗? 也许是,但也许并不是。

根据我们迄今为止所了解到的情况,我们如何诊断马德里加尔的健康状况? 我们如何从客户的角度来看待它?

我们可以从视角二进行一系列分析,比如将 2016 年与 2017 年、2017 年与 2018 年等进行比较。然而,假设我们的数据库配置使我们能够轻松识别每个客户的获取时间,我们就可以通过观察马德里加尔多年来获取的各个队列的购买行为的演变,更好地了解马德里加尔客户基础的健康状况。视角五使我们在视角三和四分析中形成的观点扩展到整个客户基础。

了解年度业绩的演变

我们首先按年度队列(即在给定年份获取的客户)分解马德里加尔的年度业绩。由于数据库限制(不幸的是,这并不少见),我们无法确定 2016 年初之前获取的所有客户的实际获取时间。因此,我们有一个"2016 年之前"队列和四个年度队列(在 2016 年、2017 年、2018 年和 2019 年获取的客户)。①与每个队列相关的年收入和利润如表 7.1 所示;图 7.1 只统计了总数。

我们在图 7.2 中绘制了利润,它显示了每年利润中有多少可归因于当年和前几年获取的客户。我们还可以对其他指标(例如收入、活跃客户和总订单)执行此操作,但为了简单起见,我们现在将重点关注利润。

----

① 即使你从公司成立之日起拥有每个客户的完整记录,你也可以选择设置一个"20xy 之前"队列,使后续的各种图表更易阅读。此外,在"洗牌"(第 5 章所述)发生后很久,各队列之间的区别往往变得不那么有意义和有趣。跟踪旧队列很费力而且得到的好处不一定值得这么做。

表 7.1　年度队列的年度表现(百万美元)

		2016 年	2017 年	2018 年	2019 年
总计	收入	375.1	399.8	483.5	583.5
	利润	187.2	195.6	230.2	280.0
2016 年之前	收入	136.8	111.2	103.1	95.4
	利润	68.1	54.7	49.4	46.2
2016 年	收入	238.3	92.5	78.8	71.0
	利润	119.0	44.9	37.3	34.0
2017 年	收入		196.1	73.4	59.8
	利润		96.0	34.5	28.5
2018 年	收入			228.3	81.8
	利润			109.0	38.7
2019 年	收入				275.5
	利润				132.7

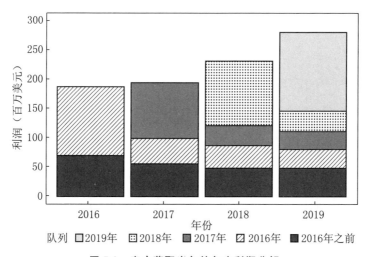

图 7.2　客户获取当年的年度利润分解

我们立即能想到的是每年的利润有多少来自当年获取的客户。我们还注意到，队列获取后一年的利润远低于其第一年的利润，并且此后继续缓慢下降。我们现在开始深入研究。

客户获取

尽管我们在整本书中多次提到客户获取，但这并不是我们分析的重点。"客户审计"往往集中于公司已有的资产，但确保这些资产继续以健康、可持续的方式流入公司才有意义（甚至也许是至关重要的）。考虑到这一点，在图 7.3 中，我们绘制了每年客户的增量。

我们注意到，2017 年客户获取人数下降了 15％，这也是马德里加尔当年增长乏力的原因。随后两年总体恢复增长。客户获取是否会持续增长是一个重要的问题，但这超出了客户审计的范围。

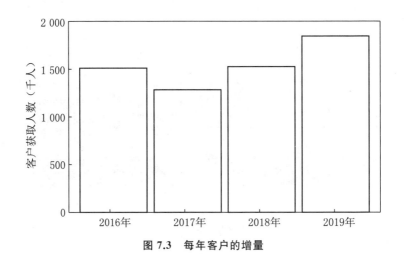

图 7.3　每年客户的增量

回到大局

有了以上这个重要的组成部分,我们回到图 7.2 的分析。这有时被称为"C3"或"队列图表",是一种越来越受欢迎的工具。[1]为了解释我们对此的其他观察结果,参见图 7.4,这是图 7.2 的一个副本,附加了更多细节。

如果看每年利润的柱状图,每根柱子内的数字是与每个队列相关的当年利润的占比。比如 2016 年(并参考表 7.1 中的数字),马德里加尔当年利润的 64％(119.0/187.2)来自新获取的客户。2019 年,马德里加尔 47％(132.7/280.0)的利润来自当年获取的客户,14％(38.7/280.0)的利润来自上一年获取的客户,10％(28.5/280.0)来自 2017 年获取的客户,12％(34.0/280.0)来自 2016 年获取的客户,其余 17％(46.2/280.0)来自 2016 年之前获取的客户。

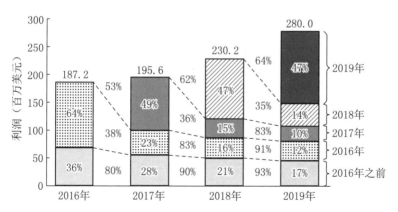

图 7.4　客户获取当年的年度利润分解

---

① 详情请参阅:https://thetaclv.com/resource/c3/。

从一根柱子到下一根柱子，我们注意到任何一年的利润"保留"到下一年的比例都小得可怜。例如，2017 年，与 2016 年及之前获取的客户相关的利润仅为 2016 年利润的 53%[(54.7＋44.9)/187.2]。同样，2019 年，与 2018 年及之前获取的客户相关的利润为 2018 年利润的 64%[(280－132.7)/230.2]。

此类汇总使我们能够跟踪每个队列随时间变化的利润，同时将其与其他队列进行比较（视角四的自然延伸）。从 2016 年队列的利润来看，我们发现该队列 2017 年的利润是其第一年利润的 38%（44.9/119.0），2018 年利润为 2017 年利润的 83%（37.3/44.9），2019 年利润为 2018 年利润的 91%（34.0/37.3）。纵观所有队列，我们发现最大的利润"损失"与上一年获取的队列相关。这背后隐藏着什么？

表 7.2　按年度队列划分的年度活跃客户人数和交易次数（以千为单位）

		2016 年	2017 年	2018 年	2019 年
总计	客户人数	2 063	2 153	2 620	3 185
	交易次数	3 646	4 005	5 106	6 093
2016 年之前	客户人数	572	467	425	391
	交易次数	1 358	1 137	1 111	1 016
2016 年	客户人数	1 492	413	344	306
	交易次数	2 288	973	879	781
2017 年	客户人数		1 273	335	271
	交易次数		1 895	817	663
2018 年	客户人数			1 517	385
	交易次数			2 299	916
2019 年	客户人数				1 832
	交易次数				2 717

我们在表 7.2 中报告了按获取年份划分的活跃客户人数及他们的交易次数。我们在图 7.5 中绘制了客户人数,它显示了每年有多少活跃客户是在当年和前几年获取的。

首先让我们深入看一下每年活跃客户的总人数。虽然 2017 年比 2016 年略有增长,活跃客户人数增加了 4%,但 2018 年和 2019 年的情况要好得多。这两年,活跃客户人数都分别增长了 22%。这些增长率与每年收入和利润的增长率非常相似。这意味着马德里加尔的收入和利润增长主要是由活跃客户人数的增长推动的,而不是活跃客户价值的变化。使用表 7.1 和表 7.2 中报告的数字,我们可以确定这四年期间每个活跃客户的平均年支出在 182 美元到 186 美元之间,每个活跃客户的平均年利润在 88 美元到 91 美元之间。

我们以与图 7.4 类似的方式解释图 7.5。观察 2016 年的数据,我们发现马德里加尔 72%(1 492/2 063)的活跃客户是当年获取的,其余 28% 是在前一年获取的。2019 年,我们看到 58%(1 832/3 185)的活跃客户是当年获取的,12%(385/3 185)是在 2018 年获取的,9%(271/3 185)是在 2017 年获取的,10%(306/3 185)是在 2016 年获取的。其余 12% 在 2016 年之前。

顺便说一句,回想一下我们从视角二对马德里加尔 2018 年和 2019 年业绩进行的分析。我们注意到(第 4 章,图 4.1),2019 年的 320 万活跃客户中有 220 万没有在 2018 年进行过消费。我们拒绝给他们贴上"新客户"的标签,因为我们不会先验地假设自己知道每个客户的获取时间。我们现在可以确定其中 83%(1 832/2 203)实际上是当年获取的新客户。

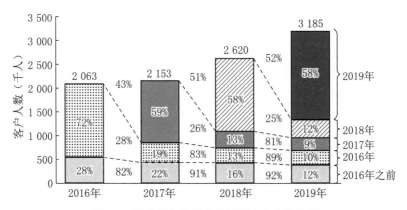

图 7.5　按获取年份划分的活跃客户人数分解

我们还可以随着时间的推移跟踪一个队列。在 2016 年,我们发现马德里加尔在 2016 年获取的客户中有 28%(413/1 492)在 2017 年处于活跃状态。2016 年队列在 2018 年活跃的人数是在 2017 年活跃的 83%(344/413),以此类推。

在解释这些队列层面的数字时,我们必须小心。让我们详细说明一下:在第 5 章中,我们观察到 2016 年第一季度获取的客户中有 45% 到 2019 年底没有进行第二次购买。其他各个队列相对应的数字是多少? 表 7.3 报告了四个年度队列重复购买的情况。看 2017 年那行,我们发现 2017 年获取的客户中有 27% 在该年的某个时间点进行了第二次购买。到"第二年"(2018 年)年底,其中 41% 的客户进行了第二次购买。这意味着 2017 年获取的客户中有 14%(41% － 27%)在 2018 年的某个时间进行了第二次购买(这些数字无法仅从表 7.2 确定)。虽然,各队列的总体增长趋势相当类似,但最近获取的队列从马德里加尔进行第二次购买的时间似乎稍晚。

让我们再思考一下前述结果,即 2017 年获取的客户中有 14% 在 2018 年的某个时候在马德里加尔进行了第二次购买。回顾图 7.5,

表 7.3　年度队列进行第二次购买的累计百分比

队列	第 1 年	第 2 年	第 3 年	第 4 年
2016 年	28%	43%	49%	52%
2017 年	27%	41%	47%	
2018 年	27%	40%		
2019 年	26%			

我们注意到,2017 年队列中有 26% 在 2018 年至少进行过一次购买,这意味着,在 2018 年活跃的 2017 年队列中,只有 46%(1－14%/26%)是在成为客户当年就已经进行过多次购买的。

我们还注意到,在 2019 年活跃的 2017 年队列人数是在 2018 年活跃的 81%。这意味着,2017 年队列中有 21%(26%×81%)的客户在 2019 年活跃。我们从表 7.3 中看到,6%(47%－41%)的客户在 2019 年进行了第二次购买,几乎占 2017 年队列中在 2019 年活跃的所有客户的 30%(6%/21%)。

回想一下,2017 年队列中在 2019 年活跃的客户人数是在 2018 年活跃的 81%。我们谨慎地选择了措辞——我们并没有说,2017 年队列中在 2018 年活跃的客户有 81% 在 2019 年也活跃。2018 年活跃的客户在 2019 年也活跃的百分比称为重复购买率。我们在表 7.4 中报告了重复购买率,并按年度队列进行加总。与表 7.3 的情况一样,这些数字不能仅从表 7.2 确定。

表 7.4　年度重复购买率

	2016/17	2017/18	2018/19
2016 年之前	52%	56%	57%
2016 年	28%	51%	54%
2017 年		26%	50%
2018 年			25%
总体	34%	38%	37%

让我们研究一下表 7.4 中代表 2017 年的一行。我们发现，在2017 年活跃的客户中有 26％在 2018 年也很活跃，这也是我们在图 7.5 中看到的。2017 年队列中在 2018 年活跃的客户中有一半在2019 年也很活跃(而另一半中的一些客户"流失"了，其中很大一部分可能是偶尔消费的买家，也许会在 2020 年再次购买)。这意味着，在 2019 年活跃的 2017 年队列中，有 62％（50％/81％）是也曾在2018 年活跃的客户。

从整体上看表 7.4，我们发现"对角线"上的数字很低。这些数字与图 7.5 中报告的数字相同，我们已经讨论了它们为何如此低。在"摆脱"一次性消费者之后，各队列的年度重复购买率似乎相当一致。随着时间的推移，它们似乎会略微上升至某种稳定状态，这反映了队列的"洗牌"。总体重复购买率仅仅是与每个队列相关的重复购买率的加权平均值，这就是为什么对于任何给定年份，它介于最新队列的重复购买率和较老队列的重复购买率之间。

即使有了这些基本数字，我们也可以进行一些快速的"粗略"计算，这些计算在我们考虑下一年的计划时可以派上用场。让我们思考下面的例子，它可以说是太基础了。

参考表 7.2 和图 7.5，我们看到马德里加尔在 2019 年获取了 180万新客户，其余 140 万客户是往年获取的。让我们假设在任意一年获取的客户中有 25％在下一年仍然活跃(这是我们在图 7.5 和表 7.4中观察到的下限)。并且让我们假设对于任何较老的队列，任意一年的活跃客户人数是前一年的 90％(参见图 7.4，这可能是乐观的)。因此，我们预计明年将有 170 万客户（0.25×1.8＋0.9×1.4）来自我们现有的客户群体。如果我们只是想在客户人数上保持不变，我们就必须获取 150 万个新客户。如果公司的目标是 20％的利润增长(这大约是我们过去两年观察到的)，假设每个活跃客户的平均年利润没有变化,我们总共需要大约 380 万个客户,即 210 万个新客户——比 2019 年获取的客户数量增加了 16%。这可以实现吗?

深入挖掘

诸如图 7.2 之类的图可能已经在你的公司中传阅。然而,解释它们可能有点困难,因为我们没有考虑每个队列的规模。这就是为什么我们对客户获取的关注如此重要。不仅客户获取本身至关重要,而且为后续的跨队列比较提供了有用的基础背景。

图 7.4 提供了一些关于队列差异的见解。然而,通过使用在前两章中开发的队列业绩乘法分解的逻辑,我们可以使事情变得更加清晰。

对于每个年度队列,我们可以计算每年活跃客户的队列占比及每个活跃客户的平均利润。然后,后者会被分解为 AOF、AOV 和利润率。我们在图 7.6 中展示了这些指标。

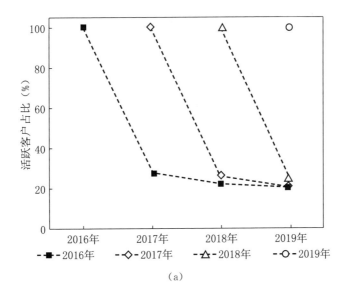

(a)

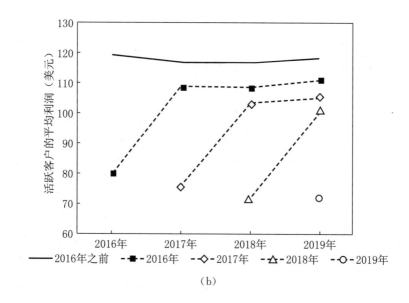

（b）

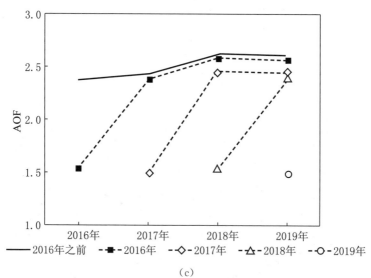

（c）

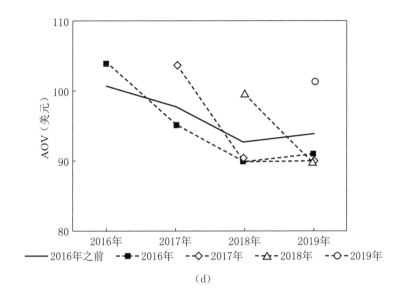

（d）

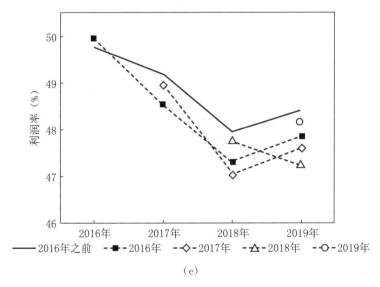

（e）

图 7.6　基于队列的年度业绩分解

图 7.6（a）报告了每个年度队列每年的活跃客户占比。（根据表 7.2 中的数据，这个数字就简单地是用任一当年活跃客户人数除以该队列的规模。）

在客户获取的年份，这个数字显然是 100％。如图 7.5 所示，第二年出现大幅下降（例如，2016 年获取的客户中只有 28％在 2017 年至少进行过一次购买）。在随后的几年中，我们观察到什么样的变化？我们在图 7.5 中看到，2016 年队列在 2018 年活跃的客户人数是 2017 年的 83％；同样，2016 年队列在 2019 年活跃的客户人数是 2018 年的 89％。这对应于：2016 年队列中有 23％（28％×83％）在 2018 年活跃，21％（28％×83％×89％）在 2019 年活跃，如图 7.6（a）所示。

我们观察到，在最初的大幅下降之后，活跃客户占比缓慢下降。虽然年度队列并不完全相同，但队列之间似乎没有任何重大差异。这绝不是适用于所有公司的普遍结果，但它是一个需要关注的重要现象。请注意，我们没有绘制 2016 年之前队列的活跃客户占比，因为我们对这些客户的了解仅限于他们是在 2016 年之前的某个时间获取的，我们不知道 2016 年之前获取的客户总数。

图 7.6（b）报告了每个队列每年的平均（年度）利润。根据表 7.1 和表 7.2 中的数据，这简单地是用每个队列的年度利润除以其当年活跃客户人数。

从以上统计图表中可以看出两件事。第一件事，每个队列第一年的客户平均利润远低于随后几年的对应数字，平均低约 30％。为什么会这样呢？

回想一下，每个同期活跃客户的平均利润就是 AOF×AOV×利润率。这三个指标分别在图 7.6（c）、图 7.6（d）和图 7.6（e）中报告。

我们发现，同期活跃客户的平均利润存在差异的主要原因是，获

取当年每个客户的 AOF 仅略高于随后几年该队列活跃客户的 AOF
的 60%。有两个原因。首先,如前所述,我们有很多一次性买家。其
次,正如我们很快就会看到的(也正如前一章所讨论的),每个年度队
列的大部分客户都是在每年年底获取的,这意味着客户在该时间段
内能进行重复购买的时间相对更少。

你可能还记得,每个活跃客户的平均利润在 88 美元到 91 美元
之间。我们如何将这些数字(按年度利润总额除以活跃客户总数计
算得出)与图 7.6(b)中的结果进行比较呢? 该图中大部分数据点都
在 91 美元以上。

总体的数值是特定队列数字的加权平均值。在任何一年中,活
跃客户中占比最大的都是当年获取的客户,而新客户的平均利润较
低,就拉低了总数。总体年度平均利润介于当年队列中活跃客户的
平均利润和较老队列的平均利润之间。这进一步说明了,如果未能
将总数分解为队列层面的数字,可能会丢失有价值的信息。

为了进一步说明这一点,请考虑表 7.5 中报告的总体年度 AOF、
AOV 和利润率,这些数字是使用表 7.1 和表 7.2 中相关的“总计”值
计算的。这些往往更接近图 7.6(c)—图 7.6(e)中报告的相关数字的
下限。(再次强调,这些总体值是特定队列的加权平均值。)查看这些
总数可能会产生很大的误导,掩盖了不同队列之间的重要差异。因
此,应该避免使用它们。

表 7.5　总体 AOF、AOV 和利润率(按年份)

	2016 年	2017 年	2018 年	2019 年
AOF	1.8	1.9	1.9	1.9
AOV(美元)	103	100	95	96
利润率	50%	49%	48%	48%

从图 7.6(b)能看到的第二件事是,队列层面的平均利润在第一年之后似乎相对稳定。然而,与我们在图 7.6(a)中观察到的不同,队列间存在明显的差异:老队列的活跃客户每年比新近获取的队列的活跃客户能获取更多利润。参考图 7.6(c)和图 7.6(d),这主要是由 AOF 和 AOV 中的队列间差异驱动的。

从利润率来看[图 7.6(e)],似乎存在一个反映马德里加尔价格和促销活动变化的总体规律。除此之外,我们发现队列在第一年的利润率更高。我们还注意到,如果忽略每个队列的第一年,老队列的利润率更高。

为什么我们会看到这些队列间的差异?我们在原始交易数据库中没有足够的信息来回答这个问题。这是需要你开始与公司相关人员进行对话的问题——你们的定价和促销政策有变化吗?你们的产品组合发生变化了吗?以及其他诸如此类的问题。有时会有一个明显的解释,但更常见的是,我们有必要对这些现象进行讨论,这可能会产生各种假设,可以通过额外的分析进行探索。这种探索和学习过程可以被视为客户审计的另一个作用(尽管是间接的)。

对你的公司进行相同的分析时,你会看到这些相同的现象吗?只有一种方法可以找到答案!重要的是着手进行这样的分析。一个有帮助的练习是,让你公司的数据分析师为你的企业创建类似表 7.1和表 7.2 的表格。有了这些表格,任何具有基本 Excel 技能的人都可以进行除表 7.3 和表 7.4 中列出的分析之外的所有前述分析。此练习提供了非常有用的见解,可以帮助我们深入了解基本财务报告中收入数字背后的客户行为的基本规律。

如前所述,我们可以通过获取新客户来增加收入和利润。但我们如何才能增加现有客户的价值呢?参考图 7.6,它很"简单":增加任何给定年份的活跃客户占比、AOF、AOV 和/或利润率(在不增加部分不产生大幅度抵消性下降的情况下)。当然,说起来容易做起来难……利用促销手段"贿赂"客户再次向你购买产品并不是一个好主意。你确实需要考虑更本质的因素。对于任何给定的产品(或服务),让客户更频繁地向你购买或每次交易花费更多的潜力有多大?你的"钱包份额"(share of wallet)还有很大的提升空间吗? 结论可能是,在消费者行为没有发生一些根本性转变(或冲击)的情况下,潜力可能有限,除非你添加额外的产品线或服务(参考亚马逊)。但在我们过于关注战略和战术影响之前,让我们简单地承认,当你考虑业务增长及产品、服务和营销活动的开发时,这种类型的分析为后续分析找到了着力点。

季度分析

我们刚刚通过创建年度队列并检查每个队列的年度行为来探索马德里加尔年度业绩的演变。这种高维度的分析是一个很自然的起点,对于大部分实施客户审计的公司来说已经足够了。

然而,你可能习惯于查看公司的季度业绩,因此考虑在更细颗粒度而不是年度数据的基础上来执行视角五的分析也是合理的。图 7.7 报告了马德里加尔 2016 年至 2019 年的季度收入和利润数据。正如我们多次看到的那样,最让我们惊讶的是明显的季节性——每年第四季度的收入和利润都是前三个季度平均业绩的两倍以上。

考虑到客户的可见性,基于图 7.7 的进一步分析是对马德里加尔的季度业绩进行分解,就像我们在本章中对年度业绩所做的那样。作为朝着这个方向迈出的第一步,我们在图 7.8 中报告了每个季度的利润分别有多少来自该季度和前几个季度获取的客户。我们有 16 个季度队列和一个 2016 年之前的队列。

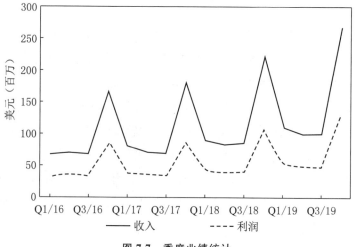

图 7.7　季度业绩统计

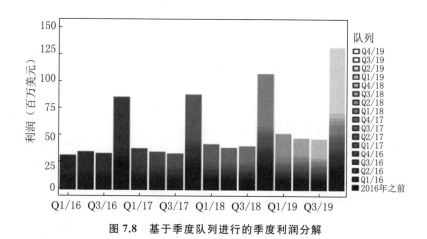

图 7.8　基于季度队列进行的季度利润分解

　　我们立即观察到,每个季度的利润很大一部分来自该季度新获取的客户,而且利润在第四季度明显增加。这表明每年很大一部分新客户是在第四季度获取的。我们在图 7.9 中绘制了每季度新获取的客户人数。

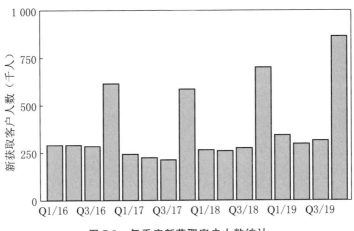

图 7.9　每季度新获取客户人数统计

很明显,对于马德里加尔来说,第四季度的活动(大概是与假期相关的营销)在很大程度上推动了客户获取。2016 年第一季度至 2019 年第四季度的新获取客户总人数中约有 45% 发生在第四季度。此外,相比于前一个季度,第四季度峰值的规模似乎随着时间的推移而变得更大。这可以被视为利弊并存的情况,因为第四季度的活动似乎越来越有效,但公司越来越依赖它们。此外,在判断这些正在进行的客户获取战略和战术的质量时,还应该考虑第六章中讨论的第四季度队列的独特行为。

除了第四季度独特的峰值,客户获取的基础分布相对平坦。从年度客户获取人数中可以看出(图 7.3),2017 年出现明显下降,但随后两年总体增长恢复了。

从图 7.8 中几乎不可能确定这些队列是否各不相同(如果是,如何不同)。后续的工作自然是按季度执行本章前面介绍的分析。但我们不会提供相关的数字和表格,因为有大量的细节(以及与我们之前讨论的重复)。此外,这种更精细的分析提供的额外的洞察可能也有限（与年度版本相比），除非你为马德里加尔工作，或者是希望更深入地了解马德里加尔的健康状况（如客户基础健康状况所反映的）的投资者。

总　结

本章的标题提出了一个问题（"你的客户基础健康吗？"），该问题本质上就是在描述客户审计的核心内容。在本章回答这个问题时，我们已经完成了与此类审计相关的大部分"繁重工作"。对于马德里加尔，我们可以使用获取／保留／发展的通用框架来简要总结这一评估：

获取

- 获取客户人数在 2017 年略有下降后，在 2018—2019 年稳步增长。这显然是企业健康发展的标志。
- 但这种获取似乎更加依赖于假日季（第四季度）。正如前面所讨论的，这是一个好坏参半的情况，需要更深入地研究这些季度队列与其他队列的比较。

保留

- 队列内部"洗牌"的比例可能会让许多高管感到惊讶，但我们认为这是很自然和正常的。虽然许多获取的客户似乎在一年左右后就消失了，但有足够多的客户在更长的时间内留在公司，这表明客户基础仍然相当强大。
- 但某些重复购买行为（例如，参见表 7.3 和表 7.4）似乎在各队列中有所下滑。如果这种现象持续下去，特别是它似乎加速的话，我们就应该密切监测。

发展

● 利润水平[(如图 7.6(b)—(e)所示]似乎随着时间的推移保持相对稳定——这是健康状况良好的标志。就客户动态而言,对于保持活跃的客户来说,AOF 似乎略有上升[(图 7.6(c)]。

● 但同一个数字也暗示随着时间的推移,跨队列会出现一些下滑。这(目前还)不是一个主要问题,但可能在不久的将来成为一个主要问题。

　　总体而言,这似乎是一个相当有利的评估。也许我们过于强调了需要注意的领域,但这非常符合审计本身的精神。

　　请注意,这个总结很简短——它并没有进行本章前面和之前章节中描述的完整分析。视角一到四的许多分析,例如十分位数比较、从首次购买到下一次的时间间隔等,这些也可以而且应该应用于整个队列。全面审计应该是一项复杂的工作,特别是对于刚刚开始定期进行审计的公司而言。随着时间的推移,某些分析自然而然就会上升到最高的优先级,而且不同公司的分析可能会有所不同。

　　最后,请记住,这里讨论的所有内容(以及前四章所有)都专门关注"客户×时间"面。客户审计还应该涵盖从产品维度中获取的见解,我们将在下一章中分析这一点。

执行层面的问题

● 当你拨开纯粹的汇总层面的会计指标(即年度收入和利润),开始了解潜在的客户行为数据时,什么现象最容易映入眼帘?

● 你能解释一下行为指标的这些变化吗? 它们是暂时的还是长期的? 你能否将它们与特定的营销活动联系起来?

- 你是否看到了任何相互抵消的趋势(例如，AOF 增加但 AOV 减少)，而这些趋势在总体数据中被掩盖了？

- 你是否尝试过改变时间单位(例如，从每年改为每季)？当你进入更细的颗粒度时，有什么新的见解出现？

- 当你持续进行客户审计时，随着你获取的经验和洞察变多，审计本身会如何变化？更简单还是更复杂？

第8章 从客户基础到产品差异

我们进行与客户审计相关分析的起点是,我们注意到,在最简单的层面上,我们可以从三个维度来描述一次交易:客户、时间和产品。因此,我们可以将公司的交易数据库概念化为一个业务数据立方体,一条边就代表一个维度。

大多数组织的报告系统都是基于此业务数据立方体的一个视角,主要是"产品×时间"面,这意味着我们在客户维度进行了加总。客户审计的重点是,旋转业务数据立方体的方向,使人们的注意力转向"客户×时间"面,这意味着,我们现在要在产品维度上进行加总。

正如我们在过去五章中所看到的,这种看似简单的方向转变开辟了一套全新的方式来思考公司的收入和利润。然而,我们一直忽略了一个相当基本的现实:收入是由客户购买公司提供的各种产品和服务产生的。因此,既然已经(希望)确立了从客户的角度思考公司业绩的重要性,那么现在让我们回到产品维度。到目前为止,我们还没有透露过马德里加尔销售的产品。该公司销售 12 000 多种产品,分为 23 个大类。

本章有两个目标。首先是探讨客户差异如何反映在产品购买中。第二是探索如何利用客户维度的信息来增强我们对产品销售的理解。

理解某一时期内的客户差异

第 3 章介绍了我们可以检查客户行为的第一个视角,探索客户

表 8.1　2019 年基于客户利润的十分位数汇总

十分位	客户人数占比（％）	平均利润（美元）	AOF	AOV（美元）	利润率（％）
1	1	843	10.9	156	50
2	2	433	6.3	138	50
3	3	300	4.6	132	50
4	4	223	3.6	125	50
5	5	171	2.9	119	49
6	7	132	2.4	113	49
7	9	102	2.0	106	49
8	11	77	1.7	96	48
9	17	52	1.5	77	47
10	41	21	1.2	45	41

在支出、交易次数和盈利能力方面的差异。基于利润的十分位数分析汇集了该章中提出的许多想法。我们在表 8.1 中提供了对原始表稍作编辑的版本。

每个十分位代表其 2019 年利润占马德里加尔当年利润 10％的一组客户。对于每个十分位数，每个客户的平均利润是 AOF、AOV和利润率的乘积。虽然利润率存在一些差异，但每个客户平均利润差异的主要驱动因素是 AOF 和 AOV 的差异。

这些差异背后隐藏着什么？我们在表 8.2 中对每个十分位上的客户在产品品类层面的购买行为进行了高维度的统计。

让我们首先分析客户购买产品的广度。对于每个客户，我们确定他们在 2019 年至少购买过一次的品类数量，以及他们购买的不同的 SKU 的数量。我们以十分位数报告这两个数量的平均值。

表 8.2　十分位客户产品品类购买统计

十分位	平均品类数量	平均 SKU 数量	每次交易的平均单位数量	每单位的平均价格（美元）	每个品类的平均单位数量	每次交易的平均品类数量
1	5.8	33.8	3.6	44	2.3	1.6
2	4.5	18.2	3.2	44	2.0	1.5
3	3.8	12.6	3.0	44	2.0	1.5
4	3.3	9.6	2.9	44	1.9	1.5
5	2.9	7.5	2.7	44	1.8	1.5
6	2.5	5.8	2.6	43	1.8	1.5
7	2.2	4.6	2.5	43	1.7	1.4
8	1.9	3.7	2.3	41	1.7	1.4
9	1.7	3.0	2.2	36	1.6	1.4
10	1.3	1.9	1.7	26	1.4	1.2
	2.0	4.3	2.4	39	1.7	1.4

　　毫不意外地，高价值客户全年会购买更多种类和更广泛的产品。这如何反映在他们每次的交易行为中？为什么高价值客户的 AOV 较高？是因为全年购买的产品范围体现在个别交易中，还是因为更高价值的客户全年与马德里加尔进行更多次的交易，因此有机会从更广泛的产品品类中购买？

　　为了探讨这一点，让我们对 AOV 进行简单的乘法分解：

$$AOV = \frac{收入}{交易次数}$$

$$= \frac{收入}{单位数量} \times \frac{单位数量}{交易次数}$$

$$= 每单位的平均价格 \times 每次交易的平均单位数量$$

　　查看表 8.2 中的这两个数值，我们发现对于前五个十分位（占

2019 年马德里加尔利润一半的 15％的客户），每单位的平均价格没有变化（当四舍五入到最接近的值时）。因此，AOV 的差异是由每次交易购买的单位数量的差异造成的。

你可能想知道，当我们对不同品类进行平均时，我们是否应该计算每单位的平均价格，因为产品的平均价格会因品类而异。观察到的每单位的平均价格差异在多大程度上反映了购买的产品品类组合的差异？这种顾虑很合理。我们应该调查客户所购买的产品组合的变化，并探讨这种变化在多大程度上导致了每单位的平均价格的差异。对于我们在客户审计中进行的相关高维度分析来说，这过于细节了，但显然是公司内部分析师应该进行的"下一步"分析。

每次交易的平均单位数量差异是由于客户在给定品类中购买了更多单位（无论是不同的产品还是同一产品的更多商品），还是在任何给定交易中购买了更多品类的结果？为了探讨这一点，让我们考虑对每次交易的平均单位数量进行简单的乘法分解：

$$\frac{\text{每次交易的}}{\text{平均单位数量}} = \frac{\text{单位数量}}{\text{交易次数}}$$

$$= \frac{\text{单位数量}}{\text{品类数量}} \times \frac{\text{品类数量}}{\text{交易次数}}$$

$$= \frac{\text{每个品类的}}{\text{平均单位数量}} \times \frac{\text{每次交易的}}{\text{平均品类数量}}$$

关于品类数量的计算方法：如果客户 A 在某一时期内与公司进行了两次交易，在第一次购买时，购买了品类 X 和 Y，在第二次购买时，购买了品类 X，而客户 B 与公司进行了一次交易，购买了品类 Z，这两个客户在三次（公司层面）交易中，购买的品类数量为 3。

从表 8.2 可以看出，在利润较高的十分位上，这两个值（每个品类的平均单位数量和每次交易的平均品类数量）都较高。然而，我们发现前者(从 1.4 到 2.3)的变化大于后者(从 1.2 到 1.6)。由于在任何给定交易中购买的平均品类数量几乎没有变化,因此价值较高的十分位上的客户在 2019 年购买的平均品类数量较多,这与其较高的 AOF 也密切相关(表 8.1)。

马德里加尔的高价值客户购买的频率更高,每次交易的花费也更高。每次交易支出较高的主要原因是他们的购物篮中有更多商品。这主要是因为他们在给定品类中购买了更多商品,而不是在给定交易中购买了更多品类。他们在这一年中购买的品类和不同的 SKU 数量较多,这反映出他们在 2019 年与马德里加尔进行了更多次交易。

探索同一队列中不同产品品类的表现

表 8.3 列出了马德里加尔销售的 23 个产品品类,并提供了与每个品类相关的产品和 SKU 数量、品类层面的 2019 年的收入和利润,以及每个品类在马德里加尔 2019 年利润中的占比等信息。这些产品品类按在 2019 年为公司贡献的利润从大到小排序。请注意,产品品类名称已更改,借此掩盖数据来源。

前四大品类占马德里加尔 2019 年利润的近 70%,包含近 62% 的产品和 73% 的 SKU。

考虑到客户的可见性,我们还可以使用我们在公司层面考虑过的许多类型的分析,通过客户的视角来查看 SKU、产品和品类的表现。例如,了解不同产品品类表现的一个有用的方法是,利用现在我们已熟知的收入和利润的乘法分解。然而,这里有一个重要的区别:在前面的章节中,我们分解的是公司层面的利润;而现在我们想看看产品品类层面的表现。因此,区分客户在特定品类中的购买行为和他们与公司的交易非常重要(前者显然小于或等于后者)。

表 8.3   2019 年各产品品类表现统计

品类	SKU 数量	产品数量	收入 (百万美元)	利润 (百万美元)	利润份额 (%)
男士运动服	45 346	1 784	124.9	61.7	22.0
女士运动服	52 291	4 364	115.5	57.9	20.7
时尚女装	11 812	884	88.1	43.8	15.6
时尚男装	4 528	454	66.6	31.4	11.2
男士配饰	11 936	970	40.1	18.8	6.7
女士配饰	14 641	1 178	33.9	15.1	5.4
女鞋	3 160	218	19.7	9.1	3.3
男鞋	1 942	183	14.8	6.6	2.4
珠宝首饰	568	187	14.5	6.4	2.3
礼品	658	322	10.0	4.3	1.5
食品	2 189	132	10.9	4.1	1.5
运动	970	238	7.5	3.8	1.4
手表	1 145	67	9.8	3.7	1.3
玩具	972	315	5.8	3.0	1.1
DIY	55	18	2.7	2.2	0.8
童装	314	73	4.2	1.8	0.6
童鞋	451	199	4.1	1.6	0.6
技术	321	117	2.6	1.2	0.4
美容	521	155	2.2	1.1	0.4
家居	604	201	2.2	1.1	0.4
园林	282	34	1.5	0.7	0.3
婴儿	238	19	0.9	0.3	0.1
箱包	437	30	1.0	0.3	0.1
总计	155 381	12 142	583.5	280.0	100.0

我们可以将产品品类利润（给定时期）分解为：

$$品类利润＝品类客户人数\times\frac{品类利润}{品类客户人数}$$

$$＝品类客户人数\times品类客户的平均利润$$

对于任何给定时期，品类客户人数将是至少从公司购买过一次的客户人数的子集：

$$品类客户人数＝活跃客户人数\times\frac{品类客户人数}{活跃客户人数}$$

$$＝活跃客户人数\times品类中活跃客户占比$$

回顾前面章节的分解，我们可以将每个品类客户的品类平均利润分解为：

$$品类平均利润＝\frac{品类利润}{品类客户人数}$$

$$＝\frac{品类交易次数}{品类客户人数}\times\frac{品类收入}{品类交易次数}\times\frac{品类利润}{品类收入}$$

$$＝品类平均订单数$$

（average category order frequency，ACOF）

$$\times品类平均订单金额$$

（average category order value，ACOV）

$$\times品类利润率$$

将这些放在一起，我们得到：品类利润＝活跃客户人数（在给定的时间段内）×品类中活跃客户占比（我们也将其称为渗透率）× ACOF×ACOV×品类利润率。

区分 ACOF 和 ACOV、AOF 和 AOV 很重要。前者是品类层面的数量；后者是公司层面的数量。

鉴于 2019 年马德里加尔的活跃客户人数为 320 万，表 8.4 报告了每个品类的分解的组成部分。

表 8.4 各产品品类业绩的乘法分解

品类	品类中活跃客户占比（%）	ACOF	ACOV（美元）	品类平均利润率（%）	每次交易的平均单位数量	每单位的平均价格（美元）
男士运动服	33.2	1.6	75	50	2.1	36
女士运动服	29.5	1.7	74	50	2.1	36
时尚女装	16.6	1.3	131	50	1.2	113
时尚男装	13.1	1.2	130	47	1.1	114
男士配饰	15.0	1.4	58	47	2.2	26
女士配饰	14.5	1.5	49	45	2.1	23
女鞋	6.1	1.2	86	46	1.1	75
男鞋	5.0	1.1	82	44	1.2	71
珠宝首饰	7.3	1.2	52	44	1.4	37
礼品	7.8	1.3	32	42	1.7	19
食品	3.7	1.2	78	37	1.1	68
运动	7.1	1.2	28	51	1.4	19
手表	3.3	1.2	82	38	1.1	74
玩具	6.0	1.2	25	51	1.5	17
DIY	9.6	1.2	7	81	1.1	7
童装	3.9	1.2	29	42	1.3	22
童鞋	5.4	1.2	20	39	1.8	11
技术	0.5	1.2	138	47	1.5	90
美容	2.9	1.1	21	49	1.4	15
家居	3.0	1.2	20	49	1.5	13
园林	0.4	1.1	92	44	1.3	69
婴儿	0.7	1.1	37	34	1.1	35
箱包	0.8	1.1	36	33	1.1	33

占马德里加尔 2019 年利润份额最高的两个品类同时是渗透率（或 2019 年至少购买过一次该品类的客户占比）最高的两个品类。这两个品类的 ACOF 和 ACOV 非常相似；男士运动服在马德里加尔 2019 年利润中所占的份额相对于女士运动服品类略高，这是因为前者在活跃客户中的渗透率略高（33.3％对 29.5％）。

我们还在表 8.4 中将 ACOV 分解为每次交易的平均单位数量×每单位的平均价格。虽然每次交易的平均单位数量存在一些差异，但毫不奇怪，ACOV 的最大驱动因素是每个品类中 SKU 的平均价格。

表 8.5 列出了另一种有用的产品品类层面客户购买行为的统计方法。

我们首先看一下，在 2019 年仅在某一产品品类进行购买的客户占比，我们称之为"单一品类客户占比"。我们发现，马德里加尔 320 万客户中，近 14％只在男士运动服品类进行了购买。回顾表 8.4，该品类的渗透率略低于客户基础的三分之一，我们可以用另一种方式表达这一点：对于 41％（13.7/33.2）的男士运动服客户来说，他们 2019 年在马德里加尔的所有购买都来自该品类。对于马德里加尔来说，这个数量与渗透率高度相关：渗透率越高，只购买该品类的客户的占比就越大。

请注意，该列的总和为 53％。这意味着马德里加尔 2019 年有 53％的客户当年只购买了一个品类。（在思考这个数字时，请记住第 3 章中提到，2019 年的客户中有 63％仅在马德里加尔进行了一次交易。）接下来，我们查看在重点品类中至少进行过一次购买的客户的平均品类购买数量。例如，我们在表 8.5 中看到，那些至少购买过一次男士运动服品类的客户，平均在 2.4 个品类中进行了购买。一般来说，那些在渗透率较低的品类中购买产品的客户会购买更多的品类。

表8.5 产品品类层面客户购买行为的统计

品类	单一品类客户占比	平均品类数量	品类利润贡献	最常见的第二产品品类	购买占比
男士运动服	13.7%	2.4	49%	女士运动服	27%
女士运动服	10.0%	2.6	47%	男士运动服	30%
时尚女装	5.9%	2.7	49%	女士运动服	37%
时尚男装	4.9%	2.6	46%	男士运动服	38%
男士配饰	3.9%	3.0	38%	女士配饰	37%
女士配饰	2.9%	3.2	32%	男士配饰	38%
女鞋	1.2%	3.5	35%	女士配饰	50%
男鞋	0.9%	3.5	31%	男士配饰	51%
珠宝首饰	2.4%	3.0	20%	女士运动服	32%
礼品	1.3%	3.5	11%	男士运动服	45%
食品	0.9%	3.5	19%	女士运动服	50%
运动	1.0%	3.5	10%	男士运动服	55%
手表	1.0%	3.2	21%	男士运动服	47%
玩具	0.7%	3.7	9%	女士运动服	56%
DIY	0.3%	3.5	5%	男士运动服	40%
童装	0.5%	3.9	13%	女士配饰	46%
童鞋	0.5%	3.9	8%	女士配饰	48%
技术	0.2%	2.9	35%	女士运动服	32%
美容	0.2%	4.3	8%	男士配饰	61%
家居	0.2%	4.4	8%	女士配饰	61%
园林	0.2%	3.0	27%	女士运动服	28%
婴儿	0.1%	4.5	10%	男士配饰	60%
箱包	0.1%	4.7	9%	女士配饰	64%

　　另一个令人感兴趣的数字是，产品品类利润占公司利润的比例。例如，对于那些在男士运动服品类中购买过至少一次的客户来说，他们给公司贡献的利润中几乎有一半都是来自该品类；表 8.5 中接下来的三个品类也是如此。该数量的大小通常与购买的平均品类数量负相关，与该品类的 ACOV 正相关。

　　总体而言，我们发现贡献了公司总利润中的大部分的品类通常渗透率较高。当然，也有例外，其中值得注意的是：马德里加尔 2019 年的客户中只有 0.5％购买了技术品类（表 8.4），但它占这些购买者总利润的 35％（表 8.5）。其中部分原因是该品类具有最高的 ACOV（表 8.4）。

　　我们将在这里考虑的最后一点分析着眼于各种品类的共同购买。对于每个品类，我们计算其客户在其他品类中至少进行过一次购买的占比。我们不是报告一个有 23 行 23 列的表格，而是在表 8.5 中报告某一品类的客户最常购买的其他品类，以及购买该品类的客户占比。例如，在至少购买过一次男士运动服品类的客户中，27％也至少购买过一次女士运动服品类。总的来说，最常见的第二产品品类是 2019 年客户基础中购买比例最大的两个品类之一（即男士运动服或女士运动服）。

　　回想一下我们对表 8.2 的讨论，马德里加尔的高价值客户购买更频繁，每次交易花费更多。每次交易支出较高的主要原因是他们的购物篮中平均有更多商品。这主要是因为他们在给定品类中购买了更多商品，而不是在给定交易中购买更多品类的商品。然而，我们的讨论中缺少的是，这一点如何在客户购买不同品类的产品时体现出来。为了探究这一点，让我们将第一个十分位上的客户的行为与马德里加尔 2019 年所有客户的行为进行比较。

　　我们在表 8.6 中列出了马德里加尔所有客户和第一个十分位上的客户在不同产品品类中的平均利润。请注意，分母是客户总数，而

表 8.6　平均客户利润以及所有客户和第一个十分位上的客户的品类利润份额

品类	平均客户利润			总利润中品类占比		
	全部（美元）	第一个十分位（美元）	指数	全部（%）	第一个十分位（%）	指数
男士运动服	19	180	930	22.1	21.4	97
女士运动服	18	248	1 367	20.7	29.5	142
时尚女装	14	140	1 021	15.6	16.6	106
时尚男装	10	99	1 002	11.2	11.7	104
男士配饰	6	25	430	6.7	3.0	45
女士配饰	5	27	576	5.4	3.2	60
女鞋	3	12	422	3.3	1.4	44
男鞋	2	9	454	2.3	1.1	47
珠宝首饰	2	20	1 019	2.3	2.4	106
礼品	1	13	947	1.5	1.5	99
食品	1	13	1 031	1.5	1.6	107
运动	1	12	973	1.4	1.4	101
手表	1	10	903	1.3	1.2	94
玩具	1	9	1 004	1.1	1.1	105
DIY	1	9	1 285	0.8	1.0	134
童装	1	2	348	0.6	0.2	36
童鞋	1	2	458	0.6	0.3	48
技术	0	5	1 278	0.4	0.6	133
美容	0	2	470	0.4	0.2	49
家居	0	2	517	0.4	0.2	54
园林	0	1	685	0.2	0.2	71
婴儿	0	0	410	0.1	0.0	43
箱包	0	1	510	0.1	0.1	53
总计	88	843	959	100.0	100.0	

不仅仅是每个品类的客户人数。换句话说,"全部"就是表 8.3 中报告的各个品类利润分别除以 2019 年马德里加尔客户总数 320 万。"指数"指的是 100×第一个十分位的利润/总利润。"指数"等于 100 表示两个值相同。我们还报告了每个品类在公司利润中所占的份额、第一个十分位的份额,以及相关指数。

　　第一个十分位上的客户的平均客户利润为 843 美元,这是 2019 年马德里加尔平均客户利润的 9.6 倍,后者为 88 美元。因此,第一个十分位上的客户在每个品类的盈利能力要高得多,但这在各个品类之间的分布并不均匀。例如,我们发现第一个十分位上的客户的女性运动服品类的平均利润是普通客户的 13 倍以上,而童装品类的利润仅高出 3.5 倍。因此,第一个十分位上的客户的利润中近 30%(248 美元/843 美元)来自女士运动服,而普通客户的利润来自该品类的占比仅略高于 20%(18 美元/88 美元)。

　　每个品类盈利能力差异背后的原因是什么?是因为购买某些品类的客户比例更高吗?或者是因为这些品类的客户在一年中购买它们的频率更高?每次交易花费更多?购买利润率更高的产品?

　　为了回答这些问题,我们在表 8.7 中仅针对第一个十分位上的客户报告了表 8.4 中基于 2019 年所有客户的指标。请注意,表 8.6 中报告的平均客户利润是品类中活跃客户占比、ACOF、ACOV 和品类利润率的乘积。

　　与马德里加尔整体客户基础(如表 8.4 所示)相比,第一个十分位上的客户的品类利润率基本相同。这意味着,从数据中观察到的利润差异是由渗透率、ACOF 和/或 ACOV 造成的。

　　比较表 8.7 和表 8.4,结果表明,平均利润的增加与所有这些指标的增加有关,这主要是由于购买该品类的人数增加,其次是客户购买该品类的平均次数的增加。平均而言,渗透率高出 3.6 倍,

表 8.7　第一个十分位产品品类业绩的乘法分解

品类	品类中活跃客户占比(%)	ACOF	ACOV	品类平均利润率(%)	每次交易的平均单位数量	每单位的平均价格(美元)
男士运动服	70.9	4.8	105	50	2.7	38
女士运动服	77.1	5.8	108	52	2.9	38
时尚女装	63.3	2.6	171	51	1.5	117
时尚男装	48.1	2.3	185	48	1.5	124
男士配饰	20.8	3.3	78	47	2.9	27
女士配饰	22.3	3.7	71	46	2.9	25
女鞋	13.6	2.0	98	47	1.4	71
男鞋	11.1	1.8	106	44	1.5	71
珠宝首饰	29.0	1.8	89	44	2.2	41
礼品	35.1	2.0	41	43	1.9	21
食品	23.1	1.7	87	39	1.3	69
运动	36.9	1.9	33	51	1.6	20
手表	17.6	1.6	94	39	1.2	77
玩具	34.8	1.9	28	51	1.7	17
DIY	28.1	2.1	19	82	1.2	15
童装	8.5	1.6	34	41	1.5	23
童鞋	11.8	2.0	26	39	1.9	13
技术	3.9	1.5	184	47	1.9	95
美容	8.4	1.7	23	49	1.6	14
家居	9.0	1.7	23	49	1.8	13
园林	2.4	1.4	101	43	1.6	63
婴儿	2.4	1.2	39	35	1.1	36
箱包	2.9	1.4	41	33	1.2	35

ACOF 高出 1.7 倍，ACOV 高出 1.3 倍。两个明显的例外是男士运动服和女士运动服品类，其中 ACOF 的增幅高于渗透率的增幅：ACOF 分别高出 3(4.8/1.6) 和 3.4(5.8/1.7) 倍，而渗透率则分别高出 2.1(70.9％/33.2％) 和 2.6(77.1％/29.5％) 倍。从这些较高的渗透率可以看出，平均而言，第一个十分位上的客户在 2019 年购买了更多品类的产品（表 8.2）。

在第一个十分位上，所有品类都有较高的 ACOV 值，这是因为他们购买了更昂贵的商品，还是因为他们每次购买某个品类时都会购买更多数量？表 8.7 的最后两列展示了 ACOV 的乘法分解。将它们与表 8.4 中的同类进行比较，我们发现，这主要是由每个品类的平均购买商品数量的增加推动的。在所有品类中，每次交易订单的平均单位数量的平均增幅为 21％，而每单位的平均价格的增幅为 8％。

理解客户在产品购买方面随时间的变化

我们已经通过探究不同利润十分位上的客户在购买产品品类方面的差异来分析 2019 年客户盈利能力上的差异。

第 5 章介绍了第三个视角，我们通过这一视角探讨了同一队列客户的行为如何随着时间的推移而演变。一个重点分析是基于利润的十分位数分析，评估了队列的 VTD，即他们从成为客户到 2019 年底的累计利润。我们在表 8.8 中重现了相关统计数据。

虽然我们可以重复前述分析，但我们将专注于一些新的分析，这些分析能让我们了解不同品类的客户购买行为随时间的演变。

我们在表 8.9 中报告了随着时间的推移，每个十分位上的客户购买的品类的累计数量。看第一个十分位，我们发现，平均而言，第一

表 8.8　按 VTD 十分位数划分的 2016 年第一季度队列客户行为统计

十分位	VTD占比（%）	客户占比（%）	交易次数占比（%）	平均 VTD（美元）	AOF	AOV（美元）	利润率（%）
1	10	1	7	2 441	36.3	136	50
2	10	1	8	1 247	20.5	123	49
3	10	2	8	842	14.6	117	49
4	10	3	9	609	11.1	111	49
5	10	4	9	451	8.6	107	49
6	10	5	9	334	6.6	103	49
7	10	7	10	243	5.0	99	49
8	10	10	10	168	3.7	94	48
9	10	16	11	105	2.5	89	48
10	10	51	20	34	1.4	59	40
				171	3.7	97	48

个十分位上的客户在作为马德里加尔客户的第一年年底购买了 4.9 个不同品类的商品。到 2017 年底，这一数字已增加至 6.9。成为马德里加尔的客户四年后，他们购买了 9 个不同的品类。

表 8.9　VTD 十分位上的客户购买过的品类的平均累计数量

十分位	2016 年	2017 年	2018 年	2019 年
1	4.9	6.9	8.2	9.0
2	4.0	5.6	6.8	7.6
3	3.4	4.7	5.8	6.5
4	3.1	4.1	5.0	5.6
5	2.8	3.7	4.4	4.9
6	2.5	3.2	3.8	4.2
7	2.3	2.8	3.3	3.6
8	2.1	2.4	2.7	3.0
9	1.8	2.0	2.2	2.3
10	1.4	1.5	1.5	1.6

我们应该如何解读这些数字？这是否意味着第一个十分位上的客户每年都会购买更广泛的产品？此外，为什么我们看到第十个十分位上的客户购买的品类数量增幅如此之小？这在多大程度上是由于这一事实导致的：与该十分位相关的队列只有5%在2019年进行过购买（表5.2）？

在表8.10中，针对当年的活跃客户，我们报告了其在该年购买的不同品类的平均数量。最令人惊讶的是，随着时间的推移，每个十分位上的数值都保持了稳定性。看第一个十分位，客户每年购买的品类数量并没有随着时间的推移而增加，他们每年在大约五个不同的品类中进行购买。但他们购买的品类有所不同，这导致他们购买过的品类数量不断增加（表8.9）。同样的模式（尽管数字较小）也适用于其他十分位。

表 8.10　活跃客户每年购买的不同品类的平均数量（按 VTD 十分位划分）

十分位	2016 年	2017 年	2018 年	2019 年
1	4.9	5.2	5.3	4.9
2	4.0	4.0	4.0	3.9
3	3.4	3.3	3.3	3.3
4	3.1	2.8	2.9	2.9
5	2.8	2.5	2.6	2.6
6	2.5	2.2	2.3	2.4
7	2.3	2.0	2.1	2.1
8	2.1	1.8	1.9	1.9
9	1.8	1.6	1.7	1.7
10	1.4	1.4	1.5	1.5

利润较低的客户购买的品类较少，但随着时间的推移，其动态与利润较高的客户非常相似。

表 8.11 按 2016 年第一季度队列的第一个十分位数划分的品类累计渗透率(%)

品类	2016 年	2017 年	2018 年	2019 年
男士运动服	64	76	81	84
女士运动服	73	83	87	89
时尚女装	53	68	76	80
时尚男装	37	51	60	65
男士配饰	20	27	32	35
女士配饰	23	31	36	39
女鞋	13	18	22	24
男鞋	9	14	17	20
珠宝首饰	27	42	53	57
礼品	27	43	54	60
食品	20	33	41	47
运动	25	39	50	57
手表	13	22	28	33
玩具	27	43	53	60
DIY	14	30	44	50
童装	8	12	15	18
童鞋	10	16	20	23
技术	2	4	5	7
美容	6	11	14	17
家居	9	14	17	20
园林	3	4	5	6
婴儿	2	3	5	6
箱包	1	4	6	6

　　正如这里描述的每一个发现一样,很难说这是否是一个普遍的结论。但至少在这种情况下,它对交叉销售活动具有重大影响:随着时间的推移,客户似乎并没有真正拓展与马德里加尔的关系,他们只是在不同的品类中跳进跳出(如果他们确实活跃的话)。

　　马德里加尔销售的 23 个品类中,不同品类的发展情况如何? 在表 8.11 中,我们报告了在所考虑的这四年年末,在各品类中至少进行过一次购买的第一个十分位上的客户的占比。

　　如果我们观察这四年的增长,我们会发现两个渗透率最高的品类的增长率最低。截至 2016 年底,64％的第一个十分位上的客户至少购买过一次男士运动服,73％的第一个十分位上的客户至少购买过一次女士运动服。到 2019 年底,男士运动服占比 84％,这一比例增加了 31％[(84％－64％)/64％],女士运动服占比 89％,这一比例增加了 22％[(89％－73％)/73％]。我们发现,2016 年,较少客户购买的品类出现了更大幅度的增长。随着时间的推移,客户购买的品类范围不断扩大(表 8.9),他们会选择更广泛的产品品类。

产品品类和 VTD

　　最后,让我们从客户获取和后续价值的角度来审视产品品类,特别是 VTD。正如我们将在最后一章中看到的那样,我们将向你展示如何将客户审计概念付诸实践。这种分析非常重要。

　　如表 8.12 所示,我们首先报告了 2016 年第一季度队列在四年期间的总支出。("四年利润"列的总和为 5 050 万美元,即该队列的总 VTD,如第 5 章所述)。该队列中排名前四的品类与在 2019 年所有客户中观察到的品类相同(表 8.3),尽管前两个品类的顺序有所变化。

表 8.12　2016 年第一季度队列产品购买和 VTD 统计

品类	四年利润（百万美元）	曾经购买过该品类的比例（%）	所有客户中首次交易就购买该品类的比例(%)	曾购买过该品类的客户中首次交易就购买该品类的比例	对于首次交易时购买该品类的客户		
					总 VTD（百万美元）	平均VTD（美元）	指数
男士运动服	11.1	38.2	25.6	66.9	14.0	185	108
女士运动服	12.6	38.4	25.3	65.7	16.2	218	127
时尚女装	7.5	23.0	13.4	58.5	9.4	238	139
时尚男装	4.0	15.4	8.4	54.4	5.4	219	128
男士配饰	3.3	20.6	12.4	60.4	5.1	141	82
女士配饰	3.5	22.0	13.8	62.8	6.1	150	88
女鞋	1.6	10.5	5.3	51.2	2.6	164	95
男鞋	1.0	7.5	3.8	50.1	1.8	158	92
珠宝首饰	1.2	10.4	4.5	43.4	2.6	197	115
礼品	0.6	10.0	3.2	32.0	1.7	183	107
食品	0.7	5.4	1.8	34.2	1.2	230	134
运动	0.5	9.0	3.3	37.1	1.9	197	115
手表	0.5	3.8	1.2	31.2	0.8	220	128
玩具	0.5	8.3	2.9	34.3	2.0	235	137
DIY	0.5	9.4	2.9	31.0	1.8	207	121
童装	0.3	6.1	2.5	40.8	1.0	138	81
童鞋	0.3	8.3	3.3	39.2	1.3	131	76
技术	0.2	0.9	0.5	55.7	0.2	177	103
美容	0.2	4.7	1.8	38.0	0.8	147	86
家居	0.2	6.1	2.8	45.1	1.3	157	91
园林	0.1	0.9	0.5	53.7	0.3	192	112
婴儿	0.0	0.8	0.1	8.9	0.0	147	86
箱包	0.0	0.9	0.0	0.6	0.0	94	55

接下来,我们分析在四年内有多少该队列的客户曾经购买过该品类,我们将其表示为曾经购买过该品类的客户的百分比("曾经购买过该品类的比例")。除 DIY 品类外,这些数字均高于表 8.4 中报告的 2019 年的渗透率("品类中活跃客户占比"),平均高出 43％。这不足为奇,因为 2019 年活跃客户中有 58％是在 2019 年获取的(图 7.5),而且他们没有太多时间探索由马德里加尔出售的品类。相比之下,2016 年第一季度队列已经花了很长时间这样做(如表 8.9 所示)。

人们在马德里加尔的首次交易中倾向于购买哪些品类? 对于每个品类,我们报告了首次交易时购买该品类的客户的百分比("所有客户中首次交易购买该品类的比例")。

通过查看这两个比率,我们可以得出,在马德里加尔曾购买过该品类的客户中首次交易就购买该品类的比例。不出所料的是,往往出现在客户首次交易中的品类是市场规模较大的品类,尽管在有些品类上不是这样。例如,男女配饰是这个队列和 2019 年(表 8.3)盈利能力第五和第六高的品类。然而,它们出现在客户首次交易中的可能性高于时尚男女装(盈利能力第三和第四高的品类)。

当一个市场规模较小的品类在首次购买中占有很高的比例时,人们自然会问它是否是吸引客户的重要品类,尤其是高价值客户。作为探索这个问题的第一步,我们可以面向在与马德里加尔进行首次交易时从该品类购买的队列客户,计算每个品类的总 VTD(跨所有品类),并将其除以首次交易时从该品类进行购买的客户人数,即可得出这些客户的平均 VTD。回顾第 5 章,2016 年第一季度队列的平均 VTD 为 171 美元,我们可以创建一个指数来了解,平均而言,那些在首次交易时购买该品类的客户是否是更有价值的客户。

看"时尚女装"行,我们发现,在 2016 年第一季度队列的 294 450

人中，有 13.4％首次交易时购买了该品类的商品，其总 VTD 为 940
万美元。这对应于平均 VTD 238 美元，比队列的平均 VTD 高出
39％（指数＝139＝238/171）。这可能表明该品类对于吸引高价值客
户非常重要。

后续操作自然是按 VTD 十分位数和产品子品类执行此类分析。
然而，我们不会提供相关表格，因为它们包含大量细节，而且除非你
为马德里加尔工作，否则人们对它们的兴趣有限。

总 结

本章有两个目标：首先，通过了解产品之间的差异如何反映客户
行为的各个方面，从而更深入地进行客户审计，而仅关注客户业务数
据立方体的"客户×时间"面可能会忽略这些方面。其次，从以客户
为中心的角度带来关于产品的新视角，从而有效地补充传统的以产
品为中心的观点。

对于已经很好地掌握了客户层面数据（以及与其相关的行为模
式）的组织来说，此处执行的分析可能被视为审计的"锦上添花"。与
前几章的内容相比，本章的内容更多的是"应知"而不是"应会"。但
对于许多对其客户行为的理解不太成熟的组织来说，这里列出的分
析实际上可能是一个有效的起点，可以帮助他们以不同的方式看待
产品，并积极利用客户数据，将客户行为作为理解产品、影响公司业
绩的关键桥梁。

作为一个具体的示例，请考虑表 8.6 中的客户盈利能力数据与
表 8.3 中两个利润最大的产品品类盈利能力的数据：男士运动服是
比女士运动服更有利可图的品类（6 170 万美元对 5 790 万美元）。
但在马德里加尔，购买女士运动服的第一个十分位上的客户的利

润平均比购买男士运动服的客户高出了 38％（248 美元对 180 美
元）。从产品管理的角度来看,这种分析的含义是明确且重要
的——产品应被视为客户盈利的重要渠道,但最终推动收入的是
客户,而不是产品。

　　另一个重要发现是,它提醒我们,并非所有客户都是生而平等
的。请注意,前述比较仅涵盖了第一个十分位上的客户,因此对于价
值较低的客户,男士运动服必定比女士运动服具有更高的盈利能力。
这指出了所有公司都应该认识到战略上的权衡:他们是想专注于开
发/推广与更多(但价值较低)客户相关的产品,还是更专注于有助于
区分(并可能吸引)最佳客户的产品? 在做出此类决策时,彻底的客
户审计(仔细考虑产品层面的信息)至关重要。

　　最后,我们承认,这里所涉及的分析有一个重要的局限性:它们
都是在产品品类层面进行的。我们这样做是为了简单起见,但这种
高维度的聚合可能会"平滑"产品层面可能存在的一些更显著的现
象。男士运动服品类的 1 784 种产品之间的差异(表8.3)可能比品类
之间的差异更加两极分化(即,它们区分高价值和低价值客户)。客
户通常购买产品本身,而不是产品品类,因此客户行为的关键要素将
在产品层面得到更好的体现。

执行层面的问题

- 你是否在客户层面定期检查你的产品销售数据? 你知道谁在买
  什么吗?
- 在考虑进行全面审计之前,你会使用此集成数据集执行哪些类
  型的基本分析? 你想要回答的第一个"交叉"(产品×客户)问题
  是什么?

- 你是否想知道哪些产品往往受到高价值客户的特别青睐?

- 你是否使用分解分析来了解哪些客户行为(例如数量、金额)最重要?什么与这些差异密切相关?

- 你公司那些以产品为中心的经理(例如研发、规划、销售部门)是否曾提出这些问题(或利用他们的答案)来帮助他们制定或评估决策?

第9章 不同业务的客户审计

在前六章中,我们使用被我们称为马德里加尔的零售商的数据作为示例,确定了一组我们认为对客户审计至关重要的分析。正如我们在第 2 章中指出的,我们意识到本书的大多数读者并不是在零售行业工作。然而,根据我们的经验,当涉及用于了解客户行为所进行的分析时,业务环境之间的差异并不像看起来那么大。我们在众多非零售企业中开发并微调了本书讨论的各种类型的分析方法。我们希望,当你阅读本书时,你已经能够确定如何根据你的特定业务环境来调整分析方法(如果需要的话)。

在本章中,我们仔细考虑了其他情景中可能需要的一些关键调整或附加分析。

合同性业务

从客户审计的角度来看,你与当地咖啡店和电力公司之间的关系的根本区别是什么? 如果你不想再做咖啡店的客户,你该怎么办? 什么都不用干。另一方面,如果你不再需要电力公司的服务,你必须联系他们并取消合同。从公司的角度来看,咖啡店没有注意到客户的流失。没有来消费意味着你"消亡"了还是只是在度假? 你的电力供应商则不存在这种不确定性,他们知道你作为客户何时"消亡"。

我们使用术语"非合同性"(noncontractual)和"合同性"(contractual)来描述此类业务。马德里加尔显然是在非合同性业务下运作的。在某些领域,使用"订阅"一词比使用"合同"这类术语更常见,但我们认为它们对于我们的目的来说是相同的。过去十年，围绕订阅模式建立的公司不断增加。"软件即服务"（SaaS）在消费者和商业分析领域中已变得无处不在，"会员经济"（membership economy）等术语已成为许多公司（和整个行业）的渴望，而他们传统上不以这种方式看待客户关系。

之前章节中进行的分析在合同性业务中的适用程度取决于业务本身的性质。如果与订阅相关的收入（就像只有单一一年订阅选项的杂志一样）是预先知道的，那么客户在给定年份的价值不会有差异，这时，视角一（侧重于在一定时间内的购买行为差异）的分析将没有任何价值，因为每个客户（在给定的订阅选项下）的价值相同。该杂志也可以提供多样化的订阅选项：一年、两年和三年，或者印刷版、数字版和印刷版加数字版。这确实会让客户在价值上存在一些差异，但它们通常不够有趣，不足以吸引我们进行视角一的分析。

在某些情况下，与合同或订阅相关的收入无法被提前完全知晓。订阅本身只是提供对产品或服务的访问权限，但客户每个时期贡献的收入将取决于他们在合同期内的活动。一个简单的例子是健身房，会员可以付费参加额外的课程。另一种是 SaaS 业务，企业客户会购买不同数量的"许可证"。当无法事先得知每个时期的客户收入时，进行视角一的分析将会很有帮助。

这种逻辑可以扩展到"纯"订阅模式，公司关心服务的使用情况，即使没有从客户获取直接收入。例如，数字杂志可能出于各种原因想要跟踪客户的媒体消费水平。在这种情况下，对客户的使用情况进行视角一的分析是有意义的，而且相关结果通常会看起来与第 3 章中讨论的现象非常相似。

如果合同性业务的性质是这样的，即视角一的分析是合理的，那我们也可以进行视角二的分析。然而，可以公平地说，对于合同性业务,视角三至视角五中提出的基于队列的分析将成为任何客户审计的核心。如前文所述,分析结果的相似程度将取决于每个合同期收入背后的因素。

让我们分析一下,这些基于队列的分析在合同性业务中有何变化。回想一下,我们对马德里加尔客户的分析,给定时期内与队列相关的利润被分解为客户规模×活跃客户占比×平均利润。讨论活跃客户占比是有意义的,因为客户可能需要经过数个周期才能在公司进行第二次购买,并且客户在一个周期内没有进行购买的事实并不意味着他们作为客户的身份就"死亡"了。例如,回想一下第 5 章和第 6 章中季度活跃客户占比图中表现出的季节性。

在合同性业务中,客户在指定期限结束时要么续签合同,要么不续签。然后,我们会知道一个队列中有多少客户仍然"活着",并且我们可以谈论随着时间的推移,作为客户"幸存"的人数。

我们不妨详细分析一个假设性的案例,一家公司运营合同性业务,在第 1 期开始时,它获取了 10 000 个客户。我们在表 9.1 中报告了后续 15 期中仍与公司有合同关系的队列的人数;根据不同的商业环境,一期可能是一周、一个月、一个季度或一年。

表 9.1　队列随着时间推移的存活人数

时期	客户人数(千人)	时期	客户人数(千人)
1	10.0	9	2.4
2	6.5	10	2.2
3	5.0	11	2.1
4	4.1	12	1.9
5	3.5	13	1.8
6	3.1	14	1.7
7	2.8	15	1.7
8	2.6	16	1.6

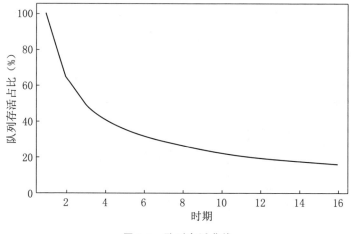

图 9.1　队列存活曲线

　　与第 5 至 7 章中的活跃客户占比曲线类似的是图 9.1 中给出的存活曲线图，它只是将表 9.1 中的数字绘制为队列规模的百分比。

　　关于存活曲线需要注意的一件重要事情是，它是单调递减的。存活曲线不能增加，这意味着客户一旦失去了，他们就不会回来了。如果客户以后再签订一份合同，他们通常会被视为新队列的一员。①

　　在合同性业务中，长期使用的衡量标准是留存率（retention rate），或其补充指标，即流失率（churn rate）。留存率是指在给定时间点续签合同（或未取消合同）的客户人数与"面临风险"（即可能取消或未续签合同）的客户人数之比。这个数值可以在队列层面或公司层面上计算。

　　参考表 9.1，第 1 期留存率是指第 1 期期末处于风险的客户在第 2 期仍留存为客户的比例：6.5/10.0＝0.65。同样，第 2 期留存率是指

_____

　　①　如果一个新的队列包含大量回头客，分别分析真正的新客户与回头客的行为可能是个好主意，看看他们之间是否存在差异（例如，回头客的流失率是更高还是更低？）。

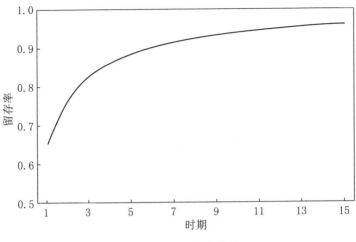

图 9.2　队列留存率曲线

在第 2 期结束时面临风险的客户在第 3 期仍留存为客户的比例：5.0/
6.5＝0.77，以此类推。这些数字被绘制在图 9.2 中。当在队列层面
计算时，留存率通常随着队列存活的时长或"年龄"增加（如此处观察
到的）。

　　继续我们的示例，假设我们观察该公司 16 期的队列。每一期，
它都会获取 10 000 个客户，每个队列的存活情况完全相同（即表 9.1
中给出的）。表 9.2 给出了公司所有客户人数的演变（按队列细分），
图 9.3 绘制了该曲线。

　　在图 9.2 中，我们绘制了队列层面的留存率。留存率也可以在
公司层面进行计算。它只是续签合同的客户人数（无论是在上一时
期还是之前的许多时期获取的）与"面临风险"的客户人数（同样，不
以何时获取为条件）的比率。

　　参考表 9.2，第 1 期的总体留存率按以下方式计算。在第 2 期，
该公司拥有 16 500 个客户，但只有 6 500 个（16 500—10 000）个客户

表 9.2　公司客户人数演变

队列	时期												
	1	2	3	4	5	6	7	8	…	13	14	15	16
1	10.0	6.5	5.0	4.1	3.5	3.1	2.8	2.6	…	1.8	1.7	1.7	1.6
2		10.0	6.5	5.0	4.1	3.5	3.1	2.8	…	1.9	1.8	1.7	1.7
3			10.0	6.5	5.0	4.1	3.5	3.1	…	2.1	1.9	1.8	1.7
4				10.0	6.5	5.0	4.1	3.5	…	2.2	2.1	1.9	1.8
5					10.0	6.5	5.0	4.1	…	2.4	2.2	2.1	1.9
6						10.0	6.5	5.0	…	2.6	2.4	2.2	2.1
7							10.0	6.5	…	2.8	2.6	2.4	2.2
8								10.0	…	3.1	2.8	2.6	2.4
⋮										⋮	⋮	⋮	⋮
13										10.0	6.5	5.0	4.1
14											10.0	6.5	5.0
15												10.0	6.5
16													10.0
总计	10.0	16.5	21.5	25.6	29.1	32.3	35.1	37.6	…	48.0	49.8	51.4	53.0

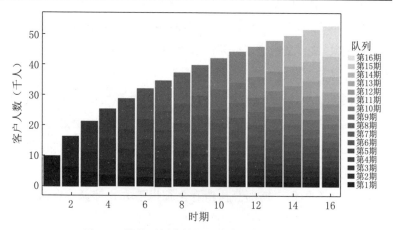

图 9.3　按队列划分的订阅客户规模增长曲线

是从前一期存活下来的。因此留存率为 0.65。在第 3 期，公司拥有 21 500 个客户，但来自第 2 期的只有 11 500（21 500—10 000）人。因此，第 2 期留存率为 11.5/16.5＝0.70，以此类推。相关的总体（即公司层面，而不是队列层面）留存率如图 9.4（a）所示。

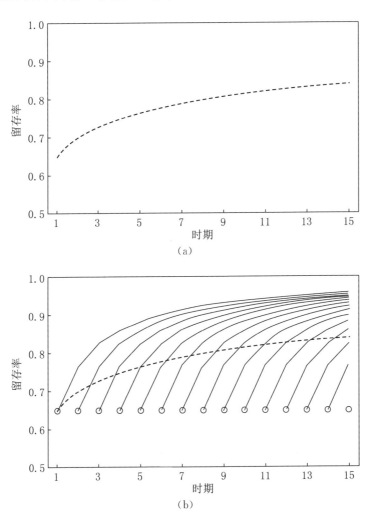

图 9.4　(a)总体留存率和(b)队列留存率与总体留存率

初看之下，该图似乎与图 9.2 展示的曲线有相似之处，但这种比较实际上具有误导性。它并非反映某一队列的留存模式，而是不同时期队列的"苹果与橘子"式的混合。

为了清楚地说明这一点，请考虑图 9.4(b)，它展示了特定队列的留存率曲线。每个队列都有相同的留存率曲线，并且随着公司核心客户年龄增长，总体留存率也缓慢增长。总体留存曲线就其本身而言并没有那么有用，因为它无法让我们深入了解队列层面的客户行为。此外，正如我们将要说明的，它受到客户获取方式性质的强烈影响（当然，这与留存本身无关）。

回顾表 9.2，末行给出了每个时期公司客户的规模。回想一下，该公司每个时期都会增加 10 000 个客户。经过前期的井喷式增长后，年增长率很快就平稳下来。到第 16 期，公司客户规模跨期增长率为 3％。基于图 9.3 中的数据对未来趋势进行预测，队列规模将继续增长，但增长速度会不断下降。越来越多的情况是，新获取的客户只是取代了之前流失的客户。

这个示例考虑了每个时期获取客户人数相同的情况。让我们再看一个示例，其中公司在第 1 期获取了 5 000 个客户，每个时期获取的客户人数增加 20％。然而，每个队列的存活和留存规律是相同的（图 9.1 和图 9.2）。表 9.3 给出了公司客户人数的变化，图 9.5 也绘制了相应的柱状图。

如图 9.5 所示，公司客户规模随着时间的推移呈指数级增长。

我们计算了每个时期的总体留存率，并将其与图 9.4 中的总体留存率一起绘制在图 9.6 中。与客户获取恒定的示例（表 9.2 和图 9.3）相比，客户获取增长的示例（表 9.3 和图 9.5）的总体留存率更快地平稳了下来，总体水平也更低。

表 9.3　公司客户人数演变

		时期												
		1	2	3	4	5	6	7	8	…	13	14	15	16
	1	5.0	3.3	2.5	2.1	1.8	1.6	1.4	1.3	…	0.9	0.9	0.8	0.8
	2		6.0	3.9	3.0	2.5	2.1	1.9	1.7	…	1.2	1.1	1.0	1.0
	3			7.2	4.7	3.6	3.0	2.5	2.2	…	1.5	1.4	1.3	1.3
	4				8.6	5.6	4.3	3.6	3.1	…	1.9	1.8	1.7	1.6
	5					10.4	6.7	5.2	4.3	…	2.5	2.3	2.1	2.0
	6						12.4	8.1	6.2	…	3.2	2.9	2.7	2.6
队	7							14.9	9.7	…	4.2	3.8	3.5	3.3
列	8								17.9	…	5.6	5.0	4.6	4.2
	⋮										⋮	⋮	⋮	⋮
	13										44.6	29.0	22.2	18.3
	14											53.5	34.8	26.7
	15												64.2	41.7
	16													77.0
总计		5.0	9.3	13.6	18.4	23.8	30.1	37.6	46.4	…	123.3	148.8	179.4	216.0

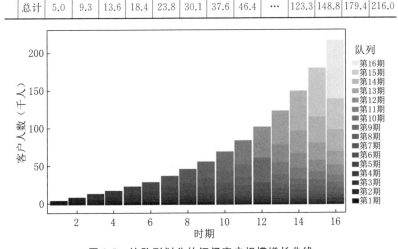

图 9.5　按队列划分的订阅客户规模增长曲线

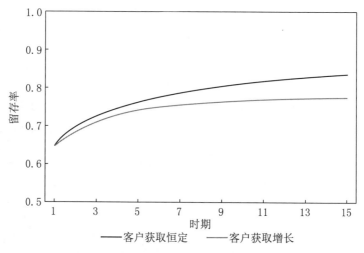

图 9.6 两种客户增长假设下的总体留存率

重要的是要记住，在这两种情况下，作为底层的队列层面的动态是完全相同的（即图 9.1 和图 9.2）。为什么总体留存率如此不同？在客户获取增长的场景下，在各个时期，很大一部分客户都是由刚获取不久的队列组成的。在队列生命的早期，那些仍然"活着"的客户的留存率低于在其生命后期观察到的留存率（图 9.2）。总体留存率是不同时期队列留存率的加权平均值，因此这会降低总体留存率。

我们还注意到，一旦公司运营了多个时期，总体留存率水平可能会让不知情的观察者得出结论，认为存在恒定的留存（或流失）率。这与图 9.2 中观察到的队列层面的动态相反。

关键教训是，当我们把不同时期获取的客户混合在一起分析时，针对整个客户基础计算的总体客户行为指标可能会具有误导性，因为这种混合掩盖了我们感兴趣的行为在队列层面的动态变化，这一点和我们在讨论表 7.5 时提出的观点相似。只要有可能，我们始终应该从分析特定队列的行为开始,只有当我们确信这样做不会导致对客户行为的错误推断时,才考虑将不同队列的数据汇总在一起。

客户留存报告

在第7章(视角五)中,我们讨论了按队列细分的收入分布图。对于合同性业务来说,跟踪客户随着时间的变化就是业务的一部分,因此创建这样的图应该只是一个简单的练习。在 SaaS 类公司的 S-1 文件中,此类图并不罕见。然而,你必须谨慎地使用这些信息。

图 9.7 中的数据来自一家假想的 SaaS 公司。2019 年和 2020 年的来自 2018 年队列的收入分别为 2 200 万美元和 2 400 万美元。这样的公司会说,从 2019 年到 2020 年,该队列的"净美元留存率"(net dollar retention)为 109%。同样地,2019 年和 2020 年的来自 2019 年队列的收入为 4 000 万美元,净美元留存率为 100%。

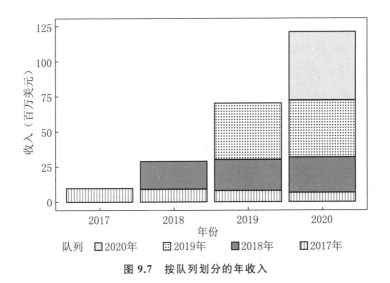

图 9.7 按队列划分的年收入

虽然这样的"留存收入"不容小觑，但也不应该只看这个数字的表面价值。100％的留存收入是否意味着那个队列中的客户不仅没有流失，并且随着时间的推移支出了相同的金额，或者我们失去了一半客户，但剩下的客户的支出增加了，弥补了损失的收入？任何对客户基础健康感兴趣的人肯定会想知道这两种情况中的哪一种是该数字背后的原因。因此，使用与视角三至五中类似的乘法分解方法至关重要，但需要进行一些修改。

我们从这里开始：队列收入＝仍然"活着"的客户人数×平均支出（在"存活"的前提下）。在某些业务环境中，比如传媒，"活着"的队列的平均支出称为 ARPU（average revenue per user），即每客户平均收入。

这可以重写为：队列人数×存活客户占比×平均支出（在"存活"的前提下）。与之前分解的最大区别在于，我们讨论的是队列中仍然存活的客户占比，而不是活跃客户占比。

是否以及如何分解平均支出（在"存活"的前提下）将取决于具体情况。对于软件产品，它可能是客户人数（或许可证）×平均价格。如果订阅客户有几个层级，那么将其分解为升级、降级和保持相同级别的占比可能有用。在订阅提供"访问权"并且订阅者可以购买额外服务的情况下，用类似于第 8 章中使用的方法分析购买行为会很有帮助。

警惕 "R" 开头的单词

我们在使用"被留存的"（retained）和"留存"（retention）这两个词时非常谨慎。这样做是因为我们认为它们是被滥用的术语，被人们用来描述完全不同的概念。被一个公司称为留存的概念通常与被另一公司称为留存的概念不同。我们有时甚至会看到它在一家公司的同一个演示文稿中以不同的方式被使用！

保险起见,我们认为,该术语只能在合同性业务中使用,因为只有在这种情况下,我们才能确定客户是否仍然"活着"。正如我们在第5章中所观察到的,客户在一个时期内没有在非合同性业务下进行购买的事实并不意味着他们不会在下一个时期进行购买(稍后会详细介绍)。

有些人会将图9.1称为留存率曲线。这种做法不好,因为术语"留存率"具有明确的含义,如图9.2所示。如果你将其称为留存率曲线,一定要非常仔细地标记纵轴(例如,"留存客户占比")。

在非合同性业务中使用"留存"一词时,人们会陷入各种各样的困境。活跃客户占比曲线(如第3章至第5章中探讨的那样)被称为"留存曲线"或"留存率曲线"的情况并不少见。正如我们所看到的,在一个时期没有购买(因此不是"被留存的")的人可以在下一时期购买(因此现在又是"被留存的")。因此这样做没有任何意义。

回到马德里加尔,图9.8是我们之前看到的图7.5的副本,报告了按队列划分的活跃客户人数的演变。请重点关注2016年队列,马德里加尔在2016年获取了149万新客户:该队列中有413 000人在2017年至少购买过一次,344 000人在2018年至少购买过一次。

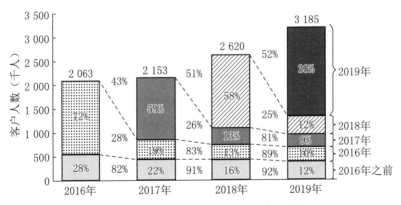

图9.8 客户获取当年的活跃客户人数分解

参考图 9.8，有人会说，马德里加尔在 2017 年留存了 2016 年队列的 28%。从狭义上讲，这是正确的。然而，我们已经有一个为该数值设立的专有名词。正如第七章所讨论的，它被称为重复购买率。

我们还从图 9.8 中看到，2018 年活跃的 2016 年队列人数是 2017 年活跃的 83%。有些人会称之为 83% 的留存率。然而，2018 年的 334 000 个活跃客户中有一些在 2017 年并不活跃，因此说 83% 的客户被留存了是没有意义的。

我们强烈建议，仅在合同性业务下运营时，才使用"被留存的"或"留存"一词，即使如此，也要谨慎使用这些术语。

客户获取的不同概念

到目前为止，我们认为，当客户进行首次购买时，他们就被获取了。然而，在首次购买（如果有的话）的路径上可能有许多关键事件，你的公司可能会对其很有兴趣。

这可能在手机应用程序（App）领域最为明显。在约会 App 中，关键事件是安装、注册和订阅服务。客户在哪一环节被"获取"？

并非所有安装该 App 的人都会注册。并非所有注册的人都会订阅。回想一下，在视角三中，我们研究了客户第一次购买和第二次购买（如果有的话）之间的时间分布。因此，查看安装和注册，以及注册和订阅之间的时间分布非常有用。要考虑的具体事件将取决于你公司相关获客渠道的具体性质。

如果你采用的是免费增值商业模式（freemium business model），很可能你的大部分客户从未进行过购买。（确切的比例很大程度上取决于你提供的免费增值服务类型。）在这种情况下，你会对从第一次使用该服务到进行购买（如果有的话）的时间感兴趣。可以使用前几章中概述的各种分析来研究曾经进行过购买的人的购买行为。

一些重要的指标

在许多在线业务中,服务的使用情况是一个重点。我们用于分析收入和利润的逻辑完全适用于分析使用情况。

例如,活跃客户一天在 App 上花费的时间可以分解为:使用次数×每次使用时间,并观察这些值随时间的变化。

可以采用与分析客户购买产品类似的方法来分析 App 中各种功能的使用情况,如第 8 章所述。

除了应用程序的使用情况,还可以在审计中分析其他形式的客户参与度。例如,发布评论(或社交媒体上的其他类型的内容)可以被视为"交易",然后可以像我们处理支出一样研究这些帖子的长度。

其他维度

基于客户的审计理念的出发点是要注意到,在最简单的层面上,一次交易可以在三个维度上进行描述:客户、时间和产品。

并非只有这三个维度可能令人感兴趣。在某些业务中,交易也可以通过渠道维度来标记。例如,对于全渠道零售商来说,是在线购买还是店内购买?对于在线购买,另一个维度是所使用的设备(例如个人电脑、平板电脑、手机)。了解客户跨不同渠道/设备的购买动态对于许多企业具有战略重要性。

我们还可以用各种属性标记客户。例如,他们是通过什么渠道获取的?虽然对于高维度的客户审计来说可能过于详细,但不仅在获取时,而且在获取渠道上进一步定义队列会是一个非常有洞察力的分析。通过不同渠道获取的客户在购买行为的演变方面有何不同？一些企业也有其客户的人口统计（demographic）信息［或 B2B 业务中的"公司统计"（firmographic）信息］。可以根据这些变量创建客户细分，并按细分单独分析客户的行为。

总 结

当我们不看传统的非合同性业务环境时，我们已经确定了在进行客户审计时可能需要的一些关键的调整或额外的分析。我们希望这已经解决了你在使用马德里加尔示例进行视角一至视角五分析时遇到的任何问题。

如果还有疑问，我们鼓励你退后一步，反思本书中所有分析的基础原则。我们重点关注公司数据库中记录的客户行为维度。我们已经研究了分解的概念，无论是加法分解还是乘法分解。我们研究了识别客户间差异的必要性，并将其用分布和十分位数分析来表示。我们探讨了关注队列的重要性，并认识到在创建队列时，基本的定义特征是客户"出生"的时间。思考如何运用这些原则并将其应用于你所面临的情况，这样做将为如何从客户的角度理解公司的业绩提供一个全新的视角。

结论:从审计到行动

想象一下在显微镜下观察你的业务。这就是客户审计的样子:它提供了深入的洞察力,揭示了一直存在但通常不可见的客户差异和动态。一位 CEO 在看到她的客户审计后评论,这就像看到了她的业务的"心跳"。这种反应很典型,因为审计为企业领导者提供了一个全新的视角——要么是之前不存在的洞察,要么是深埋在分析小组中,从未被关键决策者看到的洞察。

在引言中,我们将以客户为中心的公司定义为:

● 将客户视为分析的基本单位;

● 将(客户)获取、留存和发展作为(有机)增长框架的核心;

● 从客户(长期)盈利能力的角度做出决策;

● 认识到"并非所有客户都是平等的"这一事实并采取行动。

现在,业务速度和竞争动态的不断加快使得公司向以客户为中心的转变成为必然。在所有行业中,都存在(或至少应该存在)对高价值客户的"抢夺"。一方面,成功的企业(盈利增长并达到或超越业务计划)需要了解增长的驱动因素,确保自己继续做那些带来成功的事情。另一方面,陷入困境的企业需要了解问题所在,以确保它们解决正确的问题。

客户审计将帮你梳理出你试图解决的问题,找到容易理解的问题抓手。这在很大程度上是整个公司的事情。很多时候,企业将所有与客户相关的事情都视为单一的营销问题。然而,在实践中,建立以客户为中心的心智模式应该成为整个企业运营的核心。

许多企业能对如何以客户为中心侃侃而谈,但往往只触及了表面。它们可能的确是理解其基本原理的，但许多人未能采取行动，甚至未能充分理解以客户为中心的全部潜力。

为什么使用客户审计来推动企业变革如此困难？这件事情有很多原因：

- 企业开发了被视为"足够好"或专注于特定细分客户的代理商（例如各类门店）。
- 企业目前没有数据来支持客户层面的洞察，或者没有技术来采取客户级别的行动。
- 企业将这种变革视为"市场营销问题"。

下一步：如何从审计到行动

根据我们的经验，有多种连贯的路径可供遵循。然而，关键是将客户审计转化为一套客户战略。你需要从一揽子的笨拙的行动转向外科手术式的客户层面的行动。你还需要将客户视角应用于整个公司的决策中。有时，这只会验证现有方法（并树立放大和加速现有活动的信心）。但通常，客户视角会导致企业采取完全不同的方法。

本章围绕以客户为中心的战略的三个核心要素构建：

（1）以客户为中心的规划：如何制定以客户审计为核心的业务计划。

（2）获客：如何获取适当数量和质量的客户，并确保获客成本与客户价值相匹配。

（3）客户留存和发展：如何照顾好已有的客户并确保你对他们的投资与他们当前和潜在的价值相匹配。

本章的其余部分主要通过实际例子生动展示客户审计是如何转化成实际商业价值的。

以客户为中心的规划

　　所有企业都有自己的规划。传统上，规划是根据产品线、渠道或地理位置制定的。我们强烈建议你将"客户"视为规划上的一个新增（且日益重要的）维度。这是什么意思？简而言之，就是要了解你的收入和利润有多少将来自现有客户，以及需要多少新客户来"填补空白"。这种方法本身就是对企业的一次体检（或者，体检的开始）。

　　一旦你确定了期望从现有客户那里获取多少收入和利润（留存），以及需要吸引多少新客户来实现你的业务计划（获取），你就需要将客户作为运营节奏的一部分。跟踪与该计划的差异（正面和负面）是在出现重大问题之前纠正方向的好方法。如果某个计划失败了，你需要确定是获取阶段出了问题，还是留存阶段，如果是后者，那么是近期获取的队列导致的问题，还是因为老客户。这些简单的分析对于"解决正确的问题"和避免生硬的促销，以让公司回到正轨至关重要。

行业示例：为什么关注你的客户基础很重要

　　一家私募股权公司投资了非洲的一家在线零售商，并制定了一项积极的商业计划。它们进行了视角五的分析，开始研究队列，将现有客户与新客户产生的收入分开。这次分析很快让它们意识到，它们需要获取该国100%以上的人口才能实现该计划！

　　一家英国豪华百货公司正在分析其消费最高的客户（每年消费超过5 000英镑的客户）的表现。起初，公司很高兴看到高消费客户的数量从去年的412人增加到今年的1 000多人。然而，当进行视角二的分析并发现这412人中超过一半已经停止在它们这里购物时，这种最初的兴奋被抵消了。当公司开始进一步挖掘并观察这些高消费客户的国籍时，发现大多数"流失"的客户都是中国人，而这与人民币兑英镑汇率的下跌直接相关：当汇率下降时，在英国购物的吸引力也下降了。这是一条至关重要的信息，因为其使企业能够制定围绕关键汇率波动的更加细致的计划。

细分你的客户

大多数有客户基础的企业都有一些基于客户角色或行为（例如RFM）细分的默认方案。这些方案通常是非常强大的信息来源，可以帮助开发有针对性的营销信息和 CRM（customer relationship management，客户关系管理）活动。然而，基于这种类型的细分进行规划的挑战在于，细分的客户会随着时间的推移而变化，这导致公司难以辨别驱动业绩增长的底层因素。出于这个原因，我们认为客户队列（视角三）是基础，而且队列的成员是固定的，随着时间的推移，其行为也更容易理解。这并不是说其他关于客户的分组方式没有帮助，只是在缺乏基于队列的视角的情况下，它们对规划没有帮助。

客户获取

客户审计强调了客户获取的许多关键方面。首先，视角五强调了需要获取新客户以推动增长。极少数例外，大多数企业的现有队列的收入都在下降，这意味着获取新客户是长期增长的基础。但正如我们从视角一中看到的那样，客户并非生而平等：了解如何使获取成本与客户价值相匹配非常重要。最后，视角三强调客户价值随着时间的推移而变化，这要求公司考虑客户的投资回报。本节分为四个部分：

1. 客户获取的时间视角

2. 客户获取的产品视角

3. 获取成本与客户价值相匹配

4. 目的不只为了促成首次交易，而是为了获取客户

1. 客户获取的时间视角

视角四和视角五的分析显示了新客户人数是如何随时间变化的，这可以帮我们找到一些不错的机会。在审计中，我们查看了季度数据，但值得注意的是，往往只有进一步挖掘，机会才会被发现。这是一个常见且重要的主题：客户审计将揭示机遇和挑战，但通常需要进一步分析才能获取推动行动的发现。在这些示例中，按月甚至按周的详细视图凸显了机会。真正的价值来自刨根问底，并准备好深入研究细节。

行业示例：客户数据带来的意外发现

一家火车票务公司正在审查全年获取的客户数量和质量，注意到9月份高价值客户的人数大幅增加。公司最初认为这是一种异常情况，但当深入挖掘并组织焦点小组与这些客户进行实际交谈时，公司意识到大学新生（以及学生家长）在出发前购买火车票的人数激增。这一洞察促使公司制定了一项新的营销活动，重点吸引这一特定群体。

美国一家大型主题公园发现，大量新客户带着孩子参观主题公园，本以为孩子们正在上学。但当公园深入研究数据时，发现了许多有趣的客户群体，其中既有国际家庭，也有在非标准假期学校就读的美国儿童。一项针对有兴趣在非常规时间参观公园的亲子家庭的策略应运而生。

2. 客户获取的产品视角

正如我们在第 8 章中重新引入产品维度时所看到的,品类(以及子品类、产品和品牌)在客户生命周期中扮演着不同的角色。通过了解与不同产品相关的价值,企业可以在不同范围、价格或可得性上进行明智的投资。在所有这些例子中,视角一分析强调了客户价值的分布,然后激励公司管理团队开始思考,哪些品牌和品类正在获取和保留客户。

行业示例:客户视角如何带来令人惊讶的业务决策

AUK 百货商店正在研究哪些产品品类在首次交易中受到高价值客户的青睐。在一种极端情况下,AUK 观察到前来购买电视的客户通常只购买电视,但进来买床的客户也会购买床垫、枕套和卧室家具。通过与客户交谈得出的结论是,购买床是客户翻新房间的一个标志,并且会触发大量下游支出。这一发现促使 AUK 以相对较低的利润来对床定价,并利用它们来获取潜在的高价值客户。

Figleaves 是一家多品牌内衣零售商,其主要品牌之一是 LaPerla,一个高端意大利内衣品牌。一位新晋销售主管对品牌盈利能力进行了审查,发现 LaPerla 处于亏损状态——利润率相对较低,退货率较高,而且摄影支出很高。然而,当他从客户的角度看待 LaPerla 时,发现该品牌往往是最有价值的客户购买的第一个品牌。这是决策"翻转"的一个很好的例子:如果你通过传统的损益视角来看待该品牌,你会决定将其下架;但从客户的角度看待同一个品牌会导致截然相反的决定。由于这一洞察,Figleaves 扩大了 LaPerla 的产品范围,这是这家在线零售商早期增长的关键驱动力。

一家欧洲母婴用品零售商看到,一个知名婴儿奶瓶品牌是吸引高价值客户的好方法,但其最近看到市场上有几个新卖家开始对该品牌进行打折。作为市场领导者的零售商能够与品牌所有者协商独家经营权,并构建一系列只有在获取下游客户价值时才有意义的协议。

3. 获取成本与客户价值相匹配

视角四强调,在不同时间获取的队列可能具有不同的价值。但是,正如第 9 章所指出的,队列不仅仅需要根据时间来定义。在本节中,我们将比较同期但通过不同营销渠道获取的队列。我们看到,许多企业会基于"平均"客户安排营销开支(特别是数字营销),但我们现在知道这种客户并不存在。我们看到了使营销成本与客户价值保持一致的必要性。在第一个示例中,渠道是报纸,在第二个示例中,渠道是关键词。

行业示例:不同渠道的客户价值

英国的一家付费电视服务公司正在研究通过不同营销渠道获取的客户。公司观察到,通过在《泰晤士报》刊登广告获取客户的成本大约是《太阳报》的四倍。公司最初的想法是将所有营销支出转移到《太阳报》。然而,当审视客户的 VTD 时,公司发现通过《泰晤士报》获取的客户价值是通过《太阳报》获取的客户价值的五倍。所以,事实上,公司的策略最终完全相反。

一家英国零售商每年在谷歌付费搜索上花费 2 000 万英镑,涉及数千个关键词。总体而言,其观察到平均客户获取成本为 12 英镑,客户的平均 VTD 为 95 英镑。这种发现让该零售商有信心开始扩大支出。然而,当其深入查看每个关键词的表现时,看到了完全不同的情况。在关键词层面,绝大多数的客户获取成本都超过 30 英镑。当该零售商查看客户的 VTD 分布时,发现大多数客户的价值低于 30 英镑。汇总的平均数字给出了完全误导性的业绩分布,而令人悲哀的结论是,该零售商的大部分钱都花在了获取成本超过其价值的客户上。

4. 目的不只为了促成首次交易,而是为了获取客户

美国邮购零售商 Lands' End 因声称"购买两次商品才算客户"而闻名。其客户获取团队不仅专注于引进新客户,还致力于确保人们进行第二次购买。这是一个奇妙的见解,它认识到通过积极的促销活动"购买"交易是很容易的——尤其是在数字世界中。专注于前两次购买会促成更周到的策略。这里的成功来自精心设计、集中投入的客户计划(通常被称为欢迎计划或培育计划),鼓励客户忠诚度较高或更有价值的客户进行更广泛的选择。

行业示例:细致的客户信息

一家英国在线零售商正在尝试实现新的客户目标,但几个月后发现其营收表现平平。视角三的分析发现,其吸引的客户类型有问题。该零售商使用了极端的促销手段,虽然带来了收入和初始客户,但未能吸引忠诚的消费者。从长远来看,只有忠诚的消费者才会花更多钱。这本质上是在获取交易而不是客户。

另一家英国零售商研究了客户第一次和第二次购买之间的耗时。研究发现,不到八周的时间内,进行第二次购买的客户占了一半(在此之前,该零售商随意选择了六个月作为判定新客户是否流失的分界线)。这一发现促成了一种被内部称为"八周复购"的新客户策略。该零售商设计了几种巧妙的机制(有些是促销的,有些不是),以确保第二次购买快速实现。

客户留存和发展

一旦你获取了客户，关键是制定推动参与度和盈利能力提高的战略。然而，制定正确的战略计划是一项重大的管理挑战。许多企业都在谈论完全个性化的客户策略，但当今的现实是，存在大量的数据、技术和资源限制。

因此，在实践中，企业需要制定路线图并首先关注最重要的战略。客户审计对于确定将精力集中在哪里至关重要。对于所有企业来说，都可以选择"什么也不做"，只是让客户行为自然发展，但长期成功的关键是采取外科手术式的干预来推动客户增值。实现这一目标需要采取的四个关键步骤是：

1. 根据客户价值进行投资
2. 投资 VIP 客户
3. 推动客户贡献更高的利润
4. 管理带来亏损的客户

1. 根据客户价值进行投资

这一步强调了通过客户视角审视你的主张的不同元素（服务、产品、体验、定价）的价值，借此了解对于你的最高价值的客户来说，什么是重要的。你对产品/服务的投资需要与潜在客户价值相匹配。

行业示例：深入研究客户行为

在这些示例中，从视角一或视角二分析促使管理团队想要了解其最高价值的客户实际上是谁，以及什么对这些客户来说很重要。这些例子还强调，一些发现纯粹是数据驱动的，而另一些则需要与客户交谈。

一个英国衬衫品牌正在根据传统的"四墙"（four walls）利润（门店收入和商店的直接成本）评估其商店的盈利能力。该分析显示，许多门店根本没有盈利。然而，当将这些数字与客户数据叠加并查看商店在获取和留存客户方面所扮演的角色时，其得出了完全不同的结论。该品牌发现大量客户第一次在商店购买，然后又在网上购买。该品牌还发现，有些人在网上花费了大量资金，但经常去商店尝试新产品。这种分析创建了"360度"的利润观，即根据接触商店的所有客户的盈利能力进行评估。这带来了完全不同的门店推广计划。

以下示例需要在领域内更深入的焦点小组才能真正了解推动客户行为的底层因素。

一家低成本的英国时装零售商引进了一支新的设计团队。该企业与客户进行了交谈，并根据客户的反馈来决定其系列是否要更加年轻、更加时尚。不幸的是，新产品系列导致企业的利润和收入大幅下滑。该企业未能认识到，其所交谈的客户可能是企业想要的客户类型，但并不是创造大部分利润的客户。了解谁是核心客户至关重要。

一家美国零售商专注于诊断为什么那些"一次性"的客户放弃了该品牌。研究发现，送货体验是客户未能进行第二次购买的最大原因。公司因此决定取消用于客户留存的促销预算，并延长仓库运营时间以改善交付体验。这是一个很好的例子，说明我们需要跨部门思考来解决问题。当然，很少有营销总监愿意看到预算减少。

一家美国连锁酒店正在研究对于不同的高价值客户来说什么是重要的。研究发现，客户中有相当多的技工（例如电工、水管工），对他们来说，停车安全极为重要，因为他们在皮卡中放着重要的工具。在此之前，酒店认为，停车场安全设施的投入是一种成本，且收益不明确，在其各类待办事项中优先级较低。酒店一旦叠加了来自这一客户群体的潜在价值，该投入就成了全部待办事项中最重要的。

　　一家付费电视服务公司的客户流失率很高，并且正在大力投资以赢回客户。但事实证明这一策略成本高昂且不成功。当它组织焦点小组并与客户讨论客户流失的原因时，其中很大一部分人透露他们对机顶盒的质量不满意。这导致策略开始转向，该公司从促销活动中撤出资金，并将其投资于机顶盒开发，为客户提供质量更好的机顶盒。效果是客户满意度提高，客户流失率减少，企业的整体盈利能力显著提高。

2. 投资 VIP 客户

　　VIP 客户是大多数企业的一个重要特征。了解这些客户是谁、他们喜欢什么以及他们来自哪里是推动增长不可或缺的一部分。这里的一个有用的心智模型是"客户损益"(customer P&L)，在该模型中，人们可以投资于与自身潜在价值相符的客户。

　　一家在线奢侈品零售商进行了视角一的十分位数分析，发现前 2% 的客户贡献了 50% 的收入和 70% 的利润。典型的高价值客户的支出是普通客户的 25 倍，是低价值客户的 100 倍。这促使公司创建了 VIP 计划，该计划是公司发展和成功的重要组成部分。VIP 计划有很多要素(有趣的是，客户并没有被告知他们是 VIP)。一个例子是"顶端"体验：来自 VIP 客户的所有电子邮件或订单都会有最高的优先级，并为其提供最优质的服务体验。另一个例子是"促销预览"：VIP 客户可以提前 48 小时参与季节性促销活动。值得注意的是，这两种想法都具有较高的感知价值，但边际成本较低。

　　后来，该公司推出了一项快速通道计划，根据潜在 VIP 客户的前几次购买的信息来识别他们，并自动授予他们 VIP 身份。其中一个著名的例子是，其识别花费 300 美元购买一件普通白色 T 恤的客户！

3. 推动客户贡献更高的利润

公司面临的挑战在于,如何保持大多数客户的活跃度并随着时间的推移推动他们贡献更高的利润。正如我们从利润十分位数变化表(第4章,表4.2)中看到的,很大一部分客户与马德里加尔进行了合理的互动,但其支出和利润每年可能存在很大差异。这里的挑战在于设计外科手术式的项目——通常是巧妙且富有创意的——营销活动来吸引客户。多一次购买,多一个品类,可以产生重大的整体影响。

行业示例:为什么忠诚、活跃的客户不再频繁购买

一家在线零售商多年来一直通过简单地扩大产品范围来实现持续增长,但这种策略的回报现在正在递减,并且增长开始趋于平稳。然而,视角五的分析显示,该零售商拥有大量忠诚、活跃的客户,但他们的购买频率不高。该公司意识到,"推动"这些客户每年额外购买一次将对其整体增长产生巨大影响。因此,该零售商开发了一项"加一"活动,其重点是使用创造性的CRM策略让客户进行额外购买,该策略根据单个客户的购买和浏览历史记录向客户发送个性化消息和促销信息。

某奢侈品牌进行了视角一分析,发现有一大群高价值客户以平均20%的折扣购买。该品牌之前假设自己有"全价"客户和"折扣"客户,但实际情况是,有相当多的客户同时购买全价和折扣商品。在进一步挖掘中,该品牌发现了两个不同的子客户群体:一个群体以20%左右的小折扣购买所有商品,另一个群体以全价和清仓价购买。这种发现使该品牌能够针对这些截然不同的购物行为制定巧妙的策略。

4. 管理带来亏损的客户

了解客户利润与收入可以得出重要的发现。我们通常会发现一群带来亏损的客户,需要采取策略来停止向他们销售或减轻损失。我们在第 2 章中讨论了不同的利润"水平"——从简单的直接产品成本分析到完全成本分析。实际上,当你完善利润衡量标准时,你总是会发现有很多无利可图的客户。

行业示例:如何发现带来亏损的客户

英国一家大型超市发现,当开始关注利润十分位数而不是收入十分位数时,它发现了许多带来亏损的客户,甚至其中一个客户在三年内让公司损失了超过 12 万英镑。事实证明,这家零售商经常推出新的 PlayStation 游戏进行促销,以价换量。在网上,超市会限制客户的下单量,每个游戏的每个订单最多购买 5 份,但该客户已经下了超过 11 000 个订单,然后转售。令人难以忽视的事实是,在线团队过于关注收入,而没有发现滥用折扣的客户。现在,订购产品的总件数受到限制,而不仅仅是单个订单中的件数。该公司还会每周监控带来亏损的客户。

美国一家时装零售商一直专注于分析产品退货率,但从未关注过客户的退货率。通过查看客户层面的退货,该公司确定了一小群客户(<1%),他们占所有退货的 40%,其中包括一个退货率达到 100% 的滥用退货服务的子客户群体,他们后来被称为"免费租赁"客户。该公司立即采取的行动是停止向他们进行营销。

一家澳大利亚零售商研究了客户盈利能力的分布,发现有很大一部分客户只在促销活动中购买[后来被称为"折扣朵拉"(discount doras)]。该零售商没有将此视为一个问题,而是主动与这些客户接触以帮助库存实现清仓。

一些注意事项

我们相信本书中提出的方法是基础性的。但我们同样关注到围绕其他类型的客户分析发展起来的公司/行业，因此我们最后提出了一些注意事项。

注意客户细分与队列

大多数拥有客户关系的企业都会有一些客户细分方案——这可能是基于忠诚度等级的，例如金、银或铜；新近度-频率状态；或基于角色的细分。这些对于营销策略和运营都很有价值。然而，在诊断业绩时它们可能会出现问题。所有这些细分方案的主要问题是，它们与队列不同，细分客户是动态的：客户可以在不同细分群体之间移动。

例如，当企业发现其黄金级客户表现良好时，它需要了解新进入黄金级和现有黄金级客户的表现，以及客户从青铜级到白银级到黄金级的迁移情况。这会迅速提升分析的复杂程度，并让试图利用细分方案的决策者感到困惑。客户细分可以作为基于队列的方法的进一步分析，这有助于将客户审计的发现付诸实践。但它无法替代队列。无论是否使用客户细分，队列都是了解客户行为的基本方法。

更令人困惑的是，许多人滥用"队列"一词，暗示它可以与"客户细分"可以互换。我们认为以下是最简单的区分：

- 客户队列——同一时期内获取的一组客户，可以是一周、一个月、一个季度或一年。
- 客户队列＋属性——在同一时期获取的具有同一个或多个属性的一组客户。例如，2019 年 Facebook 队列将包括所有在 2019 年通过 Facebook 获取的客户。

- 客户细分——无论何时获取，具有共同的一个或一组特征的一组客户。

注意异常分析和指标分解

注意那些看似令人困惑的分析。我们看到许多企业引用了听起来令人印象深刻的指标，包括留存率、新老客户转化率和客户流失率。当数据过度加总，没有上下文就无法解释，或者需要精确定义时，这些指标通常毫无意义。对于上市公司来说，此类指标往往更多的是"讲故事"，而不是真正帮助投资者了解基本面。当在内部完成此操作时，我们强烈建议你开展我们在此提供的分析，并且跟踪更基础的队列度量指标。我们喜欢企业在呈现任何模糊的客户指标时引用这些公式。最后，永远不要觉得询问数据来源和计算方法会不好意思，尤其是对于你以前从未见过的指标。

先审计，后建模

先理解。我们经常看到，企业在进行基本分析之前，就急于建立模型来预测客户流失率、估算客户终身价值或提供个性化的"下一个最佳报价"建议。这种过早建立模型的做法往往是为了寻找问题而不是寻找解决方案。毫无疑问，作为客户分析工作的一部分，建立客户模型是将审计发现付诸实践的关键，但这并不是起点。遗憾的是，数据科学家经常会在进行基本（描述性）分析之前建立模型，甚至直接用模型替代基本分析，但如果从明确的数据基本面和对所要解决的问题的深刻理解出发，就一定能建立更好的模型。

在本书的前半部分，我们说本书底气十足地采用了描述性的方法，希望读者能够理解并欣赏这种表达。这并不是为了与建模对立，建模是整个工具包中不可或缺的组成部分——我们为自己是建模者而感到自豪！这只是一个先后顺序和优先顺序的问题，我们认为好的描述性工作往往比建模工作更重要。

你从哪里开始？

我们看到不同的起点：要么存在特定的症状，要么存在业务问题，例如，我们的增长放缓，我们的计划失败了，我们想要推出新的忠诚度计划。从问题出发，有助于我们进行一组有针对性的分析，通常可以应用五个视角中的一个或多个视角。或者，管理团队可能想要深入了解他们的客户基础正在发生什么。或者，可能只是好奇，想简单地了解客户之间的差异以及其随着时间的推移有何不同。

我们提出的分析经过尝试和测试，但绝不是详尽无遗的。它们是一个起点。对于许多公司来说，它们已经足够了，但其他公司则需要更深入地挖掘。

本书中的分析量可能看似巨大，但一旦你获取了正确的数据，我们认为对于经验丰富的数据科学家来说，这只不过是一两天集中的工作。作为参考，布鲁斯和迈克尔在 MBA 课程中举办了一场黑客马拉松，四名学生组成的团队在上午 8 点获取客户数据集，并需要在12 小时内执行客户审计。在截止时间前，一个专注的团队在良好的指导下能够取得多大的成就，总是让我们感到惊讶。

全新的经营理念

许多公司声称以客户为中心，但却一直用相同的逻辑，在各自为政的环境中凭借相同的激励机制做出相同的决策。当一切都没有改变时，他们怎么能感到惊讶呢？我们并不是说需要有一个单一的规范性框架。相反，我们敦促你将客户审计视为变革的催化剂，转变思维方式，并为企业领导者提供推动转型的新视角。

《哈佛商业评论》(*Harvard Business Review*)中的一段话清晰地阐明了它的底层逻辑：

> 大多数成功的转型都是从联系松散但因共同目标而团结在一起的小团体开始的。这些小组的成员已经对计划充满热情，但仍愿意测试各种假设，之后还愿意招募同伴。领导者可以表达共同的目标，帮助这些小团体建立联系，但说服工作必须实打实地推进。除非人们觉得自己是这项工作的主人，否则它不可能走得太远。①

这种以客户为中心的变革的关键在于激励人们换位思考，对客户数据充满好奇，并将客户审计视为实现以客户为中心的第一步。

---

① 格雷格·萨特尔(Greg Satell)的"4 Tips for Managing Organizational Change"，发表于 2019 年 8 月 27 日的《哈佛商业评论》(*Harvard Business Review*)，链接为 https://hbr.org/2019/08/4-tips-for-managing-organizational-change。

图书在版编目(CIP)数据

客户审计：以客户为中心的第一步 / （美）彼得·
法德，（英）布鲁斯·哈迪，（英）迈克尔·罗斯著 ；褚
荣伟，闵彦冰译. -- 上海 ：格致出版社 ：上海人民出
版社，2025. -- ISBN 978-7-5432-3632-5

Ⅰ. F274

中国国家版本馆 CIP 数据核字第 2024TK4335 号

责任编辑　程　倩　周天歌
装帧设计　仙境设计

客户审计：以客户为中心的第一步

[美]彼得·法德　　[英]布鲁斯·哈迪　　迈克尔·罗斯　著
褚荣伟　　闵彦冰　译

出　　版　格致出版社
　　　　　上海人民出版社
　　　　　(201101　上海市闵行区号景路 159 弄 C 座)
发　　行　上海人民出版社发行中心
印　　刷　浙江临安曙光印务有限公司
开　　本　890×1240　1/32
印　　张　5.75
插　　页　2
字　　数　133,000
版　　次　2025 年 1 月第 1 版
印　　次　2025 年 1 月第 1 次印刷
ISBN 978 - 7 - 5432 - 3632 - 5/F·1607
定　　价　45.00 元